教学效果取向的
中学课堂管理策略研究

陈俊光 著

浙江工商大学出版社
ZHEJIANG GONGSHANG UNIVERSITY PRESS

图书在版编目（CIP）数据

教学效果取向的中学课堂管理策略研究 / 陈俊光著.
—杭州：浙江工商大学出版社，2018.6
ISBN 978-7-5178-2655-2

Ⅰ．①教… Ⅱ．①陈… Ⅲ．①课堂教学－教学管理－
中学 Ⅳ．①G632．421

中国版本图书馆 CIP 数据核字（2018）第 061812 号

教学效果取向的中学课堂管理策略研究

陈俊光 著

责任编辑	厉　勇
封面设计	林朦朦
责任印制	包建辉
出版发行	浙江工商大学出版社
	（杭州市教工路 198 号　邮政编码 310012）
	（E-mail：zjgsupress@163.com）
	（网址：http://www.zjgsupress.com）
	电话：0571-89995993，88831806（传真）
排　　版	杭州朝曦图文设计有限公司
印　　刷	杭州五象印务有限公司
开　　本	880mm×1230mm　1/32
印　　张	6
字　　数	140 千
版 印 次	2018 年 6 月第 1 版　2018 年 6 月第 1 次印刷
书　　号	ISBN 978-7-5178-2655-2
定　　价	39.00 元

前　言

近现代以来，国际上通用的教学组织形式就是课堂教学。其产生于近代资本主义兴起的时代，当时由于要求普及教育、扩大教育教学规模、提升教育水平和质量，对传统小农经济时代下封闭而零散的个体式教学组织形式进行了否定，因而亟须一种新的适应当时社会和经济发展的教学组织形式。经过夸美纽斯和赫尔巴特等众多教育家从理论上的论证到实践上的经验总结，班级授课制终于出现并逐渐得到推广和普及。

课堂管理对于课堂教学具有至关重要的作用，它不仅影响着课堂教学的氛围和效果，而且直接影响着课堂教学的质量和学生的发展。课堂教学通过课堂管理得以实施，课堂管理是课堂教学顺利开展的保证。教学管理和课堂教学互相依存，彼此影响。在课堂教学中，教师勇于创新，善于运用教学手段与方法，激发学生学习的兴趣，调动学生积极主动学习。同时，在课堂教学中正确开展课堂管理，不但能够使学生的自控能力得到发展和提高，而且更有利于教师教学智慧和教学艺术的发挥与运用。随着基础教育课程改革的深入开展，课堂教学的教学目标和任务、教学方法和手段、教学评价与考核等都发生了变化，那么课堂管理势必也会发生变化。传统的简单纪律约束和教师管理模式，必将在新课程改革中成为过去。

本书以《基础教育课程改革纲要（试行）》为指导，在科学发展观的引领下，借鉴并学习了发达国家的先进经验和成果，充分运用教育学、心理学、社会管理学和系统学等相关知识，采用走访调查等方法，对目前国内课堂管理的现状、存在的问题和不足等进行了较为系统的阐述，深入分析了其成因，并提出了具有实效性的课堂管理安全预防策略、目标科学化策略、健康环境策略、优化课堂管理制度策略、优化课堂教学促进管理的策略、加强师生间沟通策略以及提高师生自我效能感策略等，有利于课程教学和课堂管理呈现最佳效果，进而提高学生的综合素质，促进学生的全面发展。

陈俊光

2018 年 1 月

Abstract

In modern times, the international general teaching form is the rise of classroom teaching, which was produced in modern capitalist era due to the requirement of universal education, expaning education scale, improving education level and quality. The traditional peasant economy era closed and individual forms of teaching are scattered in the negative, so there is a need to a new time of social and economic development in the form of teaching organization. After Herbart and many other educators from theory to practice experience, the class teaching system finally appeared and gradually gets promotion and popularization.

Classroom management is very important for classroom teaching. It not only affects the atmosphere and result of classroom teaching, but also directly affects the quality of classroom teaching and the development of students. Classroom teaching is implemented through classroom management, and classroom management is the guarantee of the smooth development of classroom teaching. Teaching management and classroom teaching are interdependent and influenced by each other. In classroom teaching, teachers are bold in innovation, are good at using teaching methods, stimulate students' interest in learning, arouse students' active learning, and make classroom teaching present a good learning atmosphere and learning result. Therefore, this kind of classroom teaching is also more conducive to the development of classroom management. At the same time, classroom management in classroom teaching can not only improves students' self-control ability, but also helps teachers to play the role of teaching wisdom and teaching art. With the deepening of basic education curriculum reform, classroom teaching objectives and tasks, teaching methods and means, teaching evaluation and assessment have changed, so classroom management is bound to change. The traditional simple discipline constraints and the teacher management model will be the past in the new curriculum reform.

In this paper, The writer uses the "basic education curriculum reform (Trial)" as a guide, in the reference of the advanced experience and achievements, make full use of education, psychology, social management and system science and other related knowledge. Also the writer uses investigation method, the present situation, the domestic classroom management the existing problems and the lack of systematic and detailed understanding, in-depth analysis of its causes, and put forward with the effectiveness of classroom management and safety prevention strategies, target scientific strategy, healthy environment strategy, optimization strategy, classroom management system promote the optimization of classroom teaching management strategies，enhance teacher-student interpersonal communication strategies to improve students' self-efficacy and strategies. The teaching and management of the course will show the best result，and then improve the students' comprehensive ability and promote the learing skills of the students.

陈俊光

2018 年 1 月

目录

第 1 章

研究问题及背景

一、引　言

　　课堂教学即班级授课制，是根据年龄和学习情况将学生划分成不同的班级，由教师在授课地点即教室内对学生进行统一的、不间断授课的教学组织形式。课堂授课，各个班级的人数基本相同，上课内容、上课时间和上课地点相对固定。封建社会时期的教学组织形式大多是个体式教学，教学效率不高是其突出的问题。近现代社会，由于教育的普及和教学效率、要求的提高，课堂教学这一教学组织形式便应运而生了。目前，课堂教学已经成为国际上最常用的教学组织形式。

　　相对于个别教学而言，课堂教学要求教师给个性千差万别、学习兴趣和学习能力各异的几十个学生同时授课，因此它远比个别教学复杂。此外，与个别教学相比，课堂教学存在某些天然不足，如很难适应学生的个别差异或满足学生的个性化需要，它可能给教学效果带来不利的影响。当然，课堂教学也可能存在个别教学所不具备的某些潜在优势，例如把年龄和学习程度相近的学生编成固定班级，便于学生之间相互讨论、相互学习，有利于学生合作交往能力的培养，良好的班集体本身是一种重要的教育力量，会对其成员产生多方面的积极影响。

课堂教学是一个极其复杂的过程。怎样才能在课堂教学中克服不利因素，有效提高课堂教学效率，使课堂教学效果最优化呢？从众多的实践经验中可以看出，只有对课堂进行有效管理，才能真正提高课堂教学的效果。因为课堂管理在课堂教学中具有十分关键的作用，不仅影响着课堂教学的氛围和效果，更影响着学生的发展。著名教育家马格里特（C. Margaret）经过多年的研究得出结论：课堂管理是影响学习的 28 种变量中最直接的一种变量。[①] 赫尔巴特（Herbert，J. F.）也认为，"如果不坚强而温和地抓住管理的缓绳，任何功课的教学都是不可能的"[②]。

由于在课堂教学中课堂管理具有至关重要的作用，因此国际上很多专家都对课堂管理的模式和课堂管理的策略进行了大量的研究和实践，而且有些研究结论和研究成果也确实解决了课堂教学中存在的问题；但由于研究者所关注的问题和研究视角不同，又使课堂管理模式或策略过于复杂多样，这不仅影响了课堂管理理论的构建，同时也使教师在课堂管理实践中难以抉择。因此，无论从理论本身还是实践要求来看，都需要我们对课堂管理进行进一步的研究。

管理往往具有文化特异性，而我国的教育更有与西方发达国家不同的传统。因此，研究课堂管理不能不考虑我国的文化和教育传统。由于我国学校采用课堂教学这种组织形式较晚，以及其他原因（参考第 2 章），有关课堂管理研究直到 20 世纪 90 年代以后才逐渐兴起。在最近的几年里，课堂管理虽然是我国一个非

---

① 马格里特：《为有特殊需要的学生服务》，《全球教育展望》，1996 年第 2 期。

② 胡森主编：《国际教育百科全书》第 6 卷，李进等译，贵州：贵州教育出版社，1990 年，第 22—23 页。

常活跃的研究领域，但必须看到：到目前为止，我国学者有关课堂管理的研究，多是学习和了解国际上先进的成功经验，自主创新的研究则很少；而结合我国具体国情进行的研究，大多数还是停留在理论研究层面，基于实证的研究则很少，所提出的课堂管理模式或策略大多比较笼统而抽象，很难为一线教师所理解并应用于实践。这种研究现状首先表明进一步开展基于我国本土教育实践的课堂管理研究具有重要意义。

就教育实践来看，我国教师长期以来有一种潜在的认识——课堂管理就是维持课堂纪律、维护课堂秩序。因此，一直以来课堂管理基本上就是通过教师的权威管理来进行，学生只能服从教师的命令。目前，我国正在深入开展新一轮的课程改革。这次基础教育课程改革，重点要培养学生的创新精神、实践能力、科学和任务素养以及环境意识，使学生掌握终身学习的知识、技能和方法；令学生拥有健壮的体魄和良好的心理素质，具有正确的审美和生活方式，成为有理想、有道德、有文化、有纪律的一代新人。① 新一轮基础课堂改革提出了新的理念，使学生的主体地位得到重视，也更加关注学生的健康发展。这些会与教师原有的课堂理念发生冲突。所以，我们更要积极地对课堂管理进行深入的探究。

---

① 张金福等：《新课程与课堂管理》，青岛：中国海洋大学出版社，2004 年，第 39—40 页。

二、研究目标

根据对以往研究的认识及我国教师的实践需要，本研究试图达成以下目标。

1. 深入分析研究课堂管理的基础理论知识，为实践研究提供理论依据

不管是课堂管理问题的解析，还是课堂管理解决途径的探究都需要理论的支持。众多专家的多样化理论研究，使课堂管理具有丰富多样的理论基础，因此，有必要先对这些基础理论进行梳理分析和探讨，以便从中获取有益的启示。

2. 通过调查和观察等方法了解我国学校课堂管理现状

我国目前有关课堂管理的研究，大多以理论探讨为主，有些则仅对国外学者研究成果进行简单介绍。为此，本研究希望通过调查和观察等实证研究方式来考察我国中小学课堂管理现状，为后续研究提供现实依据。

3. 基于我国学校课堂管理所存在的问题、结合课堂管理的相关理论提出我国学校课堂管理策略

在与广大教师的日常交流中，我们认识到目前我国中小学教师大多对那些复杂的课堂管理模式有敬而远之的心理，他们更需要一些策略上的指导和帮助。但是，有关课堂管理策略提出的着眼点或标准等，目前尚无统一认识，所以不同的学者从不同的视角或理论取向常常会提出不同的策略，从而出现课堂管理策略复

杂多样的局面，教师们面对复杂多样的课堂管理策略常常不知所措。所以，在此次研究中我们以问题取向的思维方式，深入研究我国课堂管理中存在的问题，并在有关理论的指导下提出具有实效性的课堂管理的策略和方法。

三、研究意义

在教师的课堂行为中，课堂教学和课堂管理是互相依赖又互相制约的两个方面。良好的课堂管理是课堂教学顺利进行的保障和前提；同时，良好的课堂教学也有利于课堂管理的有效开展。因为目前国内教师对课堂管理的意义缺少应有的认识和重视，对课堂管理的实施策略缺乏具体的操作，所以无论是从理论研究还是实践操作上来说，加强课堂管理策略研究都具有非常重要的作用。

1. 理论意义

心理学家最早对课堂管理进行了研究，在行为主义心理学、人本主义心理学和认真心理学等方面都取得了一定的理论研究成果。这些理论在指导教师的课堂管理实践中发挥了重要的作用。之后，管理学家、社会学家以及工效学家也对课堂管理的研究给予了一定的关注，并取得了一定的成果，但这些研究仍处于初步阶段，缺少系统性。

本书充分学习并借鉴了心理学、社会学等众多学科的课堂管理理论研究成果和经验，在先进理论的指导下，对课堂管理的具体实施加以学科间的高效融合。这极大地丰富了课堂管理的理论基础。此外，笔者通过课堂管理的安全性、民主性、平等性和有效性四个层面提出课堂管理理论建构的应然诉求，希冀进一步丰富课堂管理理论，为建构课堂管理的理论体系做出了有益的探索。

2. 实践意义

（1）有助于教师选择并建构具体的课堂管理模式

教师在课堂教学中为实现教学目标、完成教学任务而采取的管理方法和措施，即课堂管理模式。因为教师教学的科目、内容的差异，听课学生的年龄和对知识的接受程度的不同，以及课堂教学环境和教师自身特长等原因，课堂管理模式呈现出多样性。教师要综合各种因素，从多方面对课堂管理进行整体规划，并充分考虑自身优势，渐渐形成具有自我特色的课堂管理模式。课堂管理策略研究首先要充分了解最前沿的理论研究成果，在此基础上，对目前课堂管理中存在的不足和问题进行解析与研究，最后在理论层面和实践层面提出了课堂管理的应然诉求和操作策略。在具体操作策略方面，本书的研究涉及课堂管理目标、课堂环境、课堂管理制度、课堂人际沟通等，这为教师有效解决课堂管理中出现的具体问题提供了很好的参照，有助于在进一步的实践中总结出自己的课堂管理新模式。

（2）有助于教师教育中课程的设置和内容的选择

在教育实践中，课堂管理问题普遍存在，而要解决课堂管理中存在的问题，最关键的就是要改革教师的教育。教师教育是我国培养教育师资的最重要渠道。但是在教师教育过程中，我国重视教学方式方法和知识的传授，而对课堂管理却没有给予足够的重视。教育学、心理学、各科教材等都是教师教育中必修的课程，但在教育技能的教育实践中，教师也只是学习怎样讲授知识完成教学目标。这样的后果就是，师范毕业生成为教师在上课时，因为缺乏对实际课堂情况的了解和驾驭能力，缺少对课堂管理策略的实施能力，造成课堂教学无法顺利进行，课堂教学效果差，课堂教学效率低，进而影响教师的工作热情，甚至形成职业倦怠。本次研究详细论述了教育学、心理学、社会管理学等相关学科在课堂管理方面的研究理论，以及在课堂教学中的重要意义。希望能够为我国师范教育中课堂管理以及相关基础学科的设置提供一些参考和帮助，进而使教师教育得到更好的发展。

四、概念界定

1. 课堂

通常情况下，人们认为课堂就是教室，"当教室用来从事教学活动时就叫课堂，泛指进行各种教学活动的场所"。[①] 英语"classroom"就是教室的意思，即上课的屋子。可是实际上，教室和课堂存在着本质上的不同，并且随着课堂形态的变化，这种差异变得更加明显。远古时期的课堂教学是分散的、游离的，没有形成系统；最早的课堂教学出现于中世纪末期的欧洲，并于17世纪在乌克兰得到推广。特别是捷克教育家夸美纽斯的著作《大教学论》的出版，使课堂教学这一教学组织形式得到了系统而科

---

① 中国社会科学院语言研究所辞典编辑室：《现代汉语词典（修订本）》，北京：商务印书馆，1996年，第466—634页。

学的理论论证，班级授课制得以形成。1862 年，北京京师同文馆是我国历史上第一家采用班级授课制的学校，随着清政府《钦定学堂章程》的颁布，课堂教学才在国内得到推广和普及。教师要在课堂教学中对全体学生进行文化知识的系统传授，而课堂上学生数量较多，个体差异明显，但教学要求和教学任务却是一样的，所以形成了单一的课堂活动状态。社会不断发展，对教育的要求也不断发生变化。虽然班级授课制这一形式被一直沿用着，但教育的内容和教育的目标却发生了巨大的变革。现在的课堂已经成为具有多重作用、能够完成多项内容的多功能的综合体，同时也是教师和学生以及教学环境之间互相影响的多种结构的功能体。

心理学认为课堂已经逐渐成为增进人们心理和智力的互动场所；行政学研究认为，课堂是教师进行教学活动、学生进行学习的地方，学生的行为对课堂产生影响；社会学通过研究表明，课堂就是社会体系中具有特殊作用的一个缩小版的社会。在课堂中，教师和学生以及教学环境间会呈现出相互作用和矛盾冲突，而这种作用和冲突却使课堂发生变化，而学生正是在这种变化中得到发展和成长。所以，课堂是学生建构的具有个体生活意义的环境。

课堂是教师和学生活动交流进而产生相互影响的过程，同时具有无限的生机。课堂是生命碰撞、精神成长的地方。[①] 课堂应充满活力，不仅仅是汲取知识的场所，更是精神和心理的栖息地。[②] 课堂上学生不是被动地学习知识，而是主动探究知识。课

---

① 李永高：《质疑推门听课》，《教育报》，2005 年 3 月 1 日第 8 版。
② 肖远骑：《我理解的课堂》，《人大附中教科研园地》，2002 年第 5 期。

堂上教师不是一个人在表演，学生也不是听众，而是主演。①新时期的课堂充溢着真善美与理想的憧憬，是涤荡心灵、碰撞情感、交流知识的家园。而教师在课堂教学中要充分运用教学艺术，发挥教育智慧，善于创设良好的课堂氛围，抓住教学契机，合理使用课堂管理策略，从而使课堂成为师生理想的知识和精神家园。

多勒（Doyle W.）将课堂归纳为以下六个特点：即时性（immediacy），课堂上出现的情况比较突然，不可预测，教师解决问题的时间紧迫。据统计，教师与学生每天在课堂上的交流超过一千次。所以面对突发情况教师要立即进行处理；公开性（openness），课堂在某种程度上说是一个公共场所，学生或教师的行为、语言在课堂上都具有公开性，教师的言行都直接作用于学生，学生便会出现不同的判断；多维性（multidimensionality），课堂中每个学生都存在着鲜明的个体差异，但是又必须在有限的时间内完成相同的任务，并且学生能力和兴趣的差别很大，课堂里的一件事情可能产生多种效果，教师要从多方面考虑，做好计划；不可预测性（unpredictability），课堂中的事件通常是突发性的、不可预见的，即便教师对课堂进行了预测，也做好了准备，但仍然会有意外状况发生；历史性（historic），教师和学生经过一段时间的相处就会在课堂上形成一种固定的模式，前面的处事情况会成为后面课堂形式的定式，直接影响着后续课堂的形态；同步性（simultaneity），课堂中经常会有很多状况是同时存

————————

① Doyle，W. Classroom Organization and Management. In. M. C. Wittrock（Ed.）. Handbook of Research on Teach. New York：Macmillan，1986：392—431。

在的，比如教师提问学生时，既要倾听回答问题学生的答题情况，又要关注学生其他学生的反应、对知识点的理解等，同时又要注意把握教学进度。[①] 课堂除具有以上六个特点外，还可以依据课堂中所要完成任务的情况将课堂分为多维课堂和单维课堂。多维课堂就是把多种任务分给不同的学生，完成任务的标准也不同；单维课堂则是把相同的任务分给不同的学生，学生的完成标准是统一的。课堂不是用物体围成的单一的物理空间，它不仅是一个具有特殊意义的微缩社会，更是一个知识与人文、智慧与心灵相碰撞的场域，是充满鲜活生命力的多维体系，它已经远远超出于物理意义上的教室，它是蕴含着多变而复杂的情感的场所和展示生命的空间。所以，分析课堂不要仅仅停留在物理空间的意义上，而是更要关注在这个物理空间中所产生的教师、学生和环境之间的情感互动和心灵成长。

2. 管理

管理就是对社会组织的运行和管控。通常情况下，社会组织由以下几个主要因素组成：首先是目标，这是一个社会组织成员所要达到的统一的目的，而在管理方面的最终目的就是实现最高的效率；其次是人、人与人之间的关系，人及其关系是组织中最基础的因素，通过分工上的差异，来确定组织中人与人之间的关系；再次就是合作，组织中的各个成员通过合作的方式，使组织得以顺利运转，从而实现组织的最终目标。教育

---

① Doyle：W. Classroom Organization and Management. In. M. C. Wittrock（Ed.）. Handbook of Research on Teach. New York：Macmillan，1986：392—431.

范畴的管理重点是指行政事业部门。他们对教育范围内的各个方面进行统筹安排、监督运行和控制管理，最终实现教育管理的最优化。

对比国内和国外，在管理一词内涵的阐释上主要存在三个方面的差异。首先，范畴上的不同。国内的管理范畴比较广泛，涉及各级各类行政部门、企业事业机构，国外的管理范畴比较局限，仅仅包括企业范围。其次，研究学科的不同。国内涉及管理研究的学科较多，如行政学、行为学和管理学等，而国外对管理研究的学科则比较少，在政府方面的管理问题则仅仅采用行政学来进行研究。最后，形成差异的原因不同。国内和国外在政治体制上的不同，在管理上的理解也不同。发达国家管理属于政府的职责。而我国也在企业管理和行政事业管理方面有所差异。

管理产生年代久远，是具有历史性的社会现象，其目的就是协调生产关系和社会关系。每个时期人们对管理的理解都有所差异，这也是对管理内涵的变革。有的学派认为管理就是控制和协调，有的学派认为管理就是通过他人的努力实现集体的最高目标，有的学派则认为管理就是协调各个关系，使之形成与社会相适应的活动，还有的学派很精炼，认为管理就是决策。[①]

尽管对管理有多种多样的理解和阐述，但其中却有共同的认可，那就是管理其实就是运用各种方法实现一定目的的过程；管理一定会有规则，一定要进行动态式的管理；管理是人的活动，实现对物的管理；管理的最终目标不仅是对各种因素进行安排和整合，更重要的还包括集体目的的实现和个体心理的满足。新型的

---

① 李冀：《教育管理辞典》，海口：海南出版社，1997 年，第 22 页。

社会组织中，管理不仅是计划和预算、组织和协调、控制和处理，更是预测、协调和激励。[①] 管理的中心从原来的关注管控变为注重成长，具有生长的功能。教育研究中，对教育范围内的各种因素的计划、实施和管控，进而实现高效的结果是管理的重点内容。随着社会的不断进步，管理理论也在不断发展和完善，当代社会管理的中心已从管控变成关注成长，更加关注预测、协调和激励，关注自控能力。

3. 课堂管理

课堂管理即课堂上的管理。可是，从课堂和管理的内涵来分析，课堂管理应由以下三个主要因素构成：第一，课堂管理的主要任务就是保证课堂教学的顺利进行，让学生在课堂上学习知识、掌握技能、陶冶情操，在态度和价值观等方面得到全面发展；第二，课堂管理是要创设课堂上良好的人际关系，课堂教学中教师的教学行为和学生的学习行为之间存在着众多的问题和矛盾，这就需要课堂管理构建师生行为准则，来协调课堂上的人际关系，确保课堂教学顺利进行；第三，课堂管理的最终目标体现在教师积极引导和辅助学生自觉遵守课堂秩序，变被动管理为自觉管理，促进学生发展上。

根据课堂与管理的定义、范围和功用的不同，人们形成了具有一定差别的课堂管理观。在众多的课堂管理观中，比较具有影响力的课堂管理观有如下几种。

古德课堂管理观：在课堂教学中，为完成教学任务或者处理

---

① 詹姆斯·昌佩、尼丁·诺利亚著，李玉霞译：《管理的变革》，北京：经济日报出版社，1998 年，第 20 页。

课堂活动而采取的措施和行为都称为课堂管理，它涉及课堂教学中的组织纪律、教学环境、师生关系及学生社会关系。①

埃默课堂管理观：课堂管理主要目的是促进学生参与并完成课堂任务的教学行为和活动。它包括课堂的物理环境、课堂纪律的维护、学生行为的解决方式和学生情感的培养和知识的传授。②

莱蒙齐课堂管理观：课堂管理是能促进学生的成长、挖掘学生的潜力，使课堂呈现最佳效果的活动。③

《国际百科全书》课堂管理观：课堂管理是一种过程，是创设学生积极完成课堂活动的过程。④

施良方课堂管理观：课堂管理主要是教师的课堂行为。教师在课堂上维护课堂教学纪律、正确处理课堂上教师与学生之间、学生与学生之间以及教师、学生与教学环境之间的各种关系，协调各种因素之间的关系，使其课堂教学活动能够顺利进行的多种课堂行为。⑤

张春兴课堂管理观：课堂管理就是教师在课堂教学中，解决

---

① Good C V，Dictionary of Education ［M］. New York：McGramhill Book Company，1973：102.

② Emmer E T. Classroom Management. In Dunkid M. ED. The International Encyclopedia of Teaching and Teacher Education. Oxford：Pergamon Press，1987：437.

③ Lemlech K. Classroom Management：Mechniques for Elementary and Secondary Teachers. New York Longman，1988. 3.

④ 胡森卞编，李进等译：《国际教育百科全书》第六卷，贵州：贵州教育出版社，1990 年，第 32 页。

⑤ 施良方编：《教学理论》，上海：华东师范大学出版社，1999 年，第 279 页。

学生的问题行为而采取的具体措施和行为方式。①

田慧生课堂管理观：课堂管理主要指教师正确处理课堂教学中的各种关系，从而使教学活动顺利进行的一个过程。②

综合以上具有代表性的课堂管理观，可以清晰地看出学界对于课堂管理观概念的关注点是不尽相同的：有的观点认为课堂管理是一种教师行为，有的观点认为课堂管理重点是对物理环境的影响，有的观点把课堂管理看作是对学生发展的激励和促进，有的观点却认为课堂管理是实现教学目的的一种方法和渠道。总之，课堂管理的含义大体上可以分为两个取向：一个是管控取向，即对学生的课堂行为的管理和控制，让学生遵守课堂教学中的行为规范，重点体现管控；另一个是促进取向，即重点是鼓励学生积极参与课堂教学活动，促进他们成长与发展，重点体现促进。

分析众多的课堂管理观，概括起来课堂管理应具备以下几方面的内涵：课堂管理既是为完成教学任务而采用的一种方式，又是调节课堂教学中各种关系的一套方法，同时也是正确解决课堂教学中多种矛盾和冲突的一种策略，更是通过课堂促进学生全面发展的一种措施。综合各家的课堂管理观，作者总结为：课堂管理就是如何根据教师和学生的身心发展规律来合理设计课堂教学内容、协调处理课堂上的教师、学生和环境之间关系的一种课堂体系，从而实现课堂系统的优化及促进课堂教学目标的顺利实施，使师生能有效、安全、舒适和满意地工作与学习的历程。

---

① 张春兴：《教育心理学——三化取向的理论与实践》，浙江：浙江教育出版社，1998 年，第 510 页。

② 田慧生，李如密：《教学论》，河北：河北教育出版社，1996 年，第 332 页。

4. 策略

我国对于"策略"一词的解释，最早始于《人物志》。在《人物志·接识》中是这样解释的："术谋之人，以思谋为度，故能成策略之奇"①。可见，策略就是计策、方略，是指人们对为了达到某种目的而采取的方法和手段的谋划性思考，凸显了策略的筹划性和重要性。《现代汉语小词典》中是这样解释"策略"的：根据形势发展而制定的行动方针和斗争方式，讲究斗争艺术，注意方式方法。② 这里突出了策略的艺术性。《简明国际教育百科全书》指出：策略是指大规模军事行动的计划和指挥，从更一般的意义上讲，策略是为达到某种目的而使用的手段或方法。③ 这里侧重于策略在军事上的重要性。

综上所述，策略不但具有谋划性、艺术性和军事性，更具有实践活动中的主动性、控制性。从广义上可以理解为：策略即战略。从狭义上可以理解为：策略是为实现某一目的而有计划地采取的措施和手段。

心理学上的认知策略，在教育教学中就成为课堂管理策略。

5. 课堂管理策略

教师和学生在课堂教学中为达到课堂管理目标而采取的一系列具有实效性的课堂管理行为都称为课堂管理策略。

---

① 《辞海》，上海：上海辞书出版社，1989 年，第 4929 页。
② 《现代汉语小词典》，北京：商务印书馆出版社，1980 年，第 125 页。
③ 《简明国际教育百科全书·教学卷》，北京：教育科学出版社，1990 年，第 261 页。

五、问题陈述与研究范围

根据我们所要达成的目标，本研究采用定性和定量相结合的方法，试图解决以下三个方面的问题：

（1）以往有关课堂管理的基础理论能给我们一些什么启示？

（2）我国学校课堂管理的现状如何？从教师和学生的角度看分别存在什么问题？

（3）从策略层面来看，我们可以采取哪些措施为解决课堂管理所存在的问题提供支持和帮助？

本次研究是依据相关基础研究理论，对目前国内学校课堂管理的现状进行解析，并提出具有实效性的解决策略，从而提高国内教师的课堂管理水平，提高课堂教学效率。有鉴于此，本研究重点从以下三个方面来进行。

1. 有关课堂管理的理论研究

这些相关理论的研究主要表现为本书研究的一部分，但也渗透在对以往有关研究成果的梳理分析之中，同时也体现在对国内课堂管理中存在问题的分析以及对课堂管理实施策略的研究之中。

2. 课堂管理现状分析

这部分研究我们主要通过对教师和学生的调查，来了解我国目前课堂管理实践存在哪些问题，并对这些问题的性质、表现形式及原因等进行分析探讨。

3. 课堂管理有效策略

这是本书研究的重点问题，我们立足于通过调查所获得的有关我国当前课堂管理实践所存在问题的认识、结合相关理论及其他文献资料提出课堂管理策略，并对这些策略的含义、实施办法或注意事项等具体问题进行全面深入的讨论。

第 2 章

相关研究及文献回顾

一、相关文献回顾

1. 国外文献回顾

20 世纪中期，国际上很多国家先后进行了教育改革。在这些教育改革中，不管是国家整体上的教育决策变革，还是基础阶段的教学内容、教学方法的变革，都把课堂教学改革列为改革的中心。因此，课堂教学改革便成为一种发展趋势。在课堂教学改革的实施过程中，人们不断加深对课堂教学及其相关的课堂管理的研究和探索，以期达到通过课堂管理的研究来提高课堂教学质量和水平的目的。20 世纪对课堂管理给予重要关注的是以桑代克为代表的心理学家。心理学家通过出版论著，指出原有的课堂管理中的各种问题和矛盾，并从心理学的角度探索出各种全新的课堂管理理念。这些观念严重影响了当时的行为主义。以斯金纳为代表的行为主义更是采取了积极的做法，他们在心理学家研究的基础上，把心理学的效果规律应用于课堂管理的实践之中，对课堂管理产生了深远的影响。行为方法（behavioristic method）注重对学生行为的要求，通过积极行为的强化，最终对学生的行为给予矫正。行为主义运用心理学理论对课堂管理进行的探索与研究，使课堂管理更加科学化，也奠定了课堂管理研究的理论基础。

20 世纪中期，教育改革普遍应用了认知心理学和人本主义心理学，从而使课堂管理呈现出新的形态。认知心理学着重从学生的角度去进行课堂管理，首先让学生了解课堂管理的要求，了解教师在课堂上进行管理的原因，然后在学生充分理解的基础上，使学生自觉遵守课堂规范，主动参与课堂活动和课堂管理，从而形成积极的课堂管理氛围。例如，可以在课前让学生了解课堂活动的目的和要求，学生理解后能够主动参与课堂活动，从而达到教师的预期值。人本心理学家在对科学主义心理学质疑和否定的基础上，把"人"作为研究的中心，突出"人本"主义，提出"以人为本"的观点，这极大地推动了心理学在课堂管理中的正确应用。人本心理学家在理论上倡导人的本质和特性，彰显人的独立性、个体性和本质性，而且他们还努力将这些主张建立在基于健康人格的具体研究中。[①] 人本主义心理学重点以分析学生行为产生的原因作为切入点，分析学生的需要，挖掘学生的潜力，并把这种研究深入贯彻于课堂管理之中，从而形成了丰富的行为控制法和行为控制技能。如 Glasser 的现实疗法就强调将课堂建设成一种满足学生在隶属、权利、乐趣与自由等方面需求的学习环境，教师要积极创设能够满足学生归属感、成就感和认同感的氛围。通过心理学的研究范本和思维方式，课堂管理获得了强大的理论指导。课堂管理不但具有了理论基础和研究范本，而且也成了心理学研究的重要内容。随着社会的不断发展，更多的

[①] 唐琳娜：《走向完善的人本主义心理学——启发式方案述评》，硕士学位论文，湖南师范大学，2006 年，第 5—6 页。

学科如社会学、工效学和管理学等也在进行着课堂管理的研究。多个学科的研究思路和研究方法正在不断影响课堂管理中的各个因素，如课堂环境、师生关系、学生问题行为、教师处理矛盾的行为等，都在不断得到研究、得到优化。众多学科的深入研究，使课堂管理逐渐成为教育改革的重要内容，同时也使课堂管理逐渐科学化、系统化。

综合上述研究，可以总结出以下特点。

第一，理论研究实践化。通过对各种相关资料的研究可以看出，课堂管理的理论研究侧重点都是对课堂管理实践的指导。课堂管理的书籍众多，目的就是解决教师在课堂管理中遇到的具体问题。所以，课堂管理的文献资料已经成为教师的必修内容。

第二，理论取向多样化。通常情况下，在一个课堂管理理论和范式中就能够体现出行为主义、人文主义等多个研究流派。而且，外国在进行课堂管理研究中也会借鉴社会学、工效学等学科的研究理论和研究成果，进而形成了课堂管理中的多种策略范式。

第三，研究方法科学化。课堂研究多是采取调查研究、实践取证等方法，并将相关数据和资料进行科学的统计和分析，最终得出精确的答案。这样的研究方法更科学化，数据更精准化，得出的结论也更具有说服力和实效性。

但是，国外对课堂管理的研究也不是完美无缺的，例如多样化的理论取向让教师在课堂管理中面对众多的策略无从选择；虽然课堂管理方式多种多样，但也无法涵盖课堂管理中所出现的所有问题和矛盾冲突；而数据化和精准化的研究方法又忽略了"人"在课堂管理中的重要作用。总之，国外课堂管理在理论方面取得了一定的成就，对课堂管理中实际问题的解决提供了理论上的依据，但是由于观点众多，方法多样，因此又缺少整体性和系统性。

2. 国内文献回顾

19 世纪末期我国的课堂教学便已经出现。自 20 世纪以来，课堂教学已经成为我国教育事业中十分重要的组成部分，课堂教学和课堂管理也受到了广泛关注。理论研究和实践操作都取得了一定成效，但是效仿国外的研究居多。中华人民共和国成立后，课堂管理被纳入教育学范畴。在凯洛夫撰写的《教育学》中，教育学被分为教育概论、教学论、德育原理、学校管理四个部分，而课堂管理虽在教育学范畴之内，却没有成为一个独立的研究内容。事实上，课堂管理在教学论中没有一席之地。当时的教学论主要是研究课堂教学，在教学内容、教学时间、课程设置都方面都进行了详细的研究，对教学意义、教学原则、教学方法等方面更是进行了深入的探究与实践。这些都使教学论不断成熟和完善。但是却忽视了课堂管理在课堂教学中的重要作用。

20 世纪 90 年代，课堂管理才出现在国内的教学论著作中。如刘克兰主编的《现代教学论》（西南师范大学出版社 1993 年版）、胡淑珍等编著的《教学技能》（湖南师范大学出版社 1996 年版）、施良方和崔允漷主编的《教学理论：课堂教学的原理、策略与研究》（华东师范大学出版社 1999 年版）。虽然这些著作中未能深入探究课堂管理的各个方面，对课堂管理的研究还没有形成全局性，但是却说明课堂管理在课堂教学中的重要作用已经被重视，学界正在探寻着课堂管理的正确理念和方法。与此同时，教育心理学家也关注到了课堂管理的重要意义，并从心理学的角度对教学活动中的组织教学、师生互动、教学把控等进行了

探究。如陈琦等著的《当代教育心理学》（北京师范大学出版社
1997年版）、皮连生主编的《学与教的心理学》（华东师范大学
出版社1997年版）、张大均主编《教学心理学》（西南师范大学
出版社1997年版）等。但是这些研究的重点仍是教学活动，对
课堂管理涉及甚少。

随着基础教育课程改革的深入开展，教育学科的研究也在不
断深化，课堂管理也逐渐被教育专家所重视，成为教育研究中的
一个重要组成部分。很多教育专家也出版了有关课堂管理研究的
著作，如陈时见著的《课堂管理论》（广西师范大学出版社2002
年版）、张金福等著的《新课程与课堂管理》（中国海洋大学出版
社2004年版）、戚业国著的《课堂管理与沟通》（北京师范大学
出版社2005年版）、赵国忠著的《透视名师课堂管理》（江苏人
民出版社2007年版）等。这些著作分别从课堂管理的内涵、概
念、理论模式和问题解决策略等方面进行了较为全面而深入的研
究和论述，使课堂管理在课堂教学中的重要地位得以凸显。同
时，也有学者从其他学科，如管理学、社会学等方面对课堂管理
进行了探究，如吴康宁等著的《课堂教学社会学》（南京师范大
学出版社1999年版）、吴志宏等主编的《新编教育管理学》（华
东师范大学出版社2000年版）及张家全编著的《教育工程学》
（黑龙江教育出版社1990年版）等。这些学科的介入，使课堂管
理中的实际问题，如教师和学生之间的关系、课堂教学设备和教
学环境的优化等得到了进一步的研究和补充。而且很多涉及课堂
管理的论文或著作，只是就课堂管理的某个方面进行了研究和阐
述，缺少理性的整体把控和全局性的研究思路。

从总体上来看，国内的课堂管理在理论研究方面学习发达国
家经验和成果的居多，自主探究的内容较少；理论探究较多，具

体实践较少；课堂管理方式探索较多，实际应用较少。而且，对于课堂管理的一些基础的概念界定比较模糊，比如课堂管理的定义、课堂管理的目的和任务、课堂管理制度、课堂管理中师生之间的互动效果对课堂教学的影响等。但是必须承认，多学科的参与研究使课堂管理理论得到了良好的发展，使其在教学理论研究中占有了重要地位。同时，众多的理论人员参与研究，使课堂管理呈现出更多的理性，避免了教师在实践中凭经验进行操作。而且丰富的课堂管理方式和实践技术的研究，为广大教师的课堂管理实践提供了强大的支持。

二、相关研究回顾

1. 课堂教学与课堂管理的关系

课堂教学是人类最复杂的行为之一。据统计，小学阶段教师和学生的交流次数每天超过 500 次。[①] 在每一节课，教师要在有限的时间内采用最合适的方法和手段，与学生形成良好的互动和交流，激发学生的学习兴趣，让学生自觉进行学习，很好地完成教学任务。同时，课堂还具有即时性、公开性和不可预测性等特点，因此课堂管理就变得极其复杂。在课堂教学中，如果教师只重视知识教学，对知识传授给予过多的关注，而忽视了课堂管理，那么他的课堂教学目标和任务都会难以达到理想的状态。因为课堂教学涉及众多要素，教师只有对课堂中的各个要素进行合

---

① Jackson, P. Life in classroom. New York: Holt, Rinehart & Winston. 1968.

理协调，才能使教学内容按照要求得以完成，课堂教学才能达到预期效果。由此可见，课堂教学与课堂管理之间存在着极为密切的关系。

教师的课堂行为既包括课堂教学，也包括课堂管理，两者相互影响，相互制约。教师是课堂教学的主体，教师制订教学计划，讲授教学内容。教师的课堂行为是为了完成教学目标，培养学生的知识和技能、情感和各方面的进步。

课堂教学是学校教育的重要形式。课堂管理是课堂教学的前提和保证。课堂管理和课堂教学在相同时间相同地点共同发挥作用，彼此影响又互相依存。首先，良好的课堂管理有利于形成良好的课堂教学氛围与和谐的师生关系，有利于学生自控能力的发展和提高；其次，良好的课堂教学也能够促进课堂管理的顺利开展，教师运用教学艺术和教学智慧，勇于创新，调动学生学习的兴趣，使学生能够主动学习、积极参与课堂互动。

只有把课堂教学和课堂管理两者紧密结合起来，才能互相促进共同提高。在课堂教学时协调课堂中的多种因素，开展高效的课堂管理，营造和谐的学习氛围，促使学生积极主动地进行学习，激发兴趣，挖掘能力，同时也使教师的压力减弱，使课堂教学效果更好。良好的课堂管理，需要教师和学生共同协作，这不但为学生提供了适宜的学习环境，而且也使学生体验了社会实践的内容。

2. 课堂管理的功能

课堂管理是课堂教学的前提和保障，直接影响着课堂教学中的互动效果和课堂教学的质量。良好的课堂管理有利于促进课堂教学的顺利开展；反之，则会严重影响课堂教学活动的开展，成为课堂活动的障碍。

课堂管理的功能可以概括为以下几个方面：维护课堂纪律；创设良好的学习氛围；提高课堂教学效果，培养学生的自控能力；促进师生之间的关系；完善学生的人格发展。

结合课堂管理的内涵，笔者认为课堂管理的功能主要体现在以下四个方面。

（1）组织功能

组织功能是课堂管理的基础功能。在进行课堂教学时，教师要准备教学设施设备、教学资料、教学场地，并对学生进行有效的组织，这些都属于课堂管理的范围。教师只有充分做好这些课堂管理，教学设备和教学资源才能有效发挥功用，教学活动才能顺利实施。

（2）促进功能

促进功能是课堂管理的重要功能。良好的课堂管理，可以营造轻松愉悦的学习氛围，师生之间变得和谐、互进，学生的学习兴趣更加浓厚，能够主动参与学习和探究。教师要充分发挥课堂管理的促进功能，激发学生的学习兴趣，培养学生的能力，促进学生的全面成长和进步，进而提高课堂的教学质量。

（3）协调功能

协调功能是针对课堂管理对象而言的。课堂上存在各种各样的因素，学生、教师、教室、学习资源等，众多的因素使课堂变成一个庞杂的体系。教师只有协调好各种因素，才能使各种因素共同为课堂教学服务。因此，只有发挥课堂管理中的协调功能，才能使课堂教学任务得以完成。

（4）维持功能

富有成效的管理，实质上是一个动态平衡的过程。要保持住这种平衡，管理者必须根据环境的不断变化，适时调整自身的管理措施及手段，才能使管理处于良性循环的轨道。课堂管理的维持功能，就是教师在进行课堂教学时要根据教学状态的改变而不断采取合适的措施或办法，及时处理出现的问题和矛盾，使课堂上各种因素处于稳定的平衡状态，并将这种状态一直维持下去。这样，学生才能在良好的氛围中进行学习，课堂教学活动才能顺利开展，课堂教学质量才能得到提高。否则，课堂中的矛盾和冲突一旦不能及时解决，教学活动就不能正常进行，教学目标也就无法完成。

3. 课堂管理的类型

（1）根据教师在课堂上对课堂管理的参与方式，可以把课堂管理分为专权型、民主型和随意型

西方发达国家的心理学家最先进行了把教师的参与方式作为研究课堂管理类型的内容，他们根据教师在课堂管理中的参与方式把课堂管理分为专权型、民主型和随意型。专权型就是指对课堂教学内容、课堂教学活动、实施安排以及对学生学习效果的衡量都是由教师来统一安排和布置，教师在课堂互动中全部参与。民主型就是教师把课堂教学内容和要求、课堂活动计划和安排、学习效果标准和成绩等都与学生进行积极探讨和协商，并根据学生提出的具体问题和要求及时进行调整，从而更好地完成课堂教学的方式。随意型就是教师只为学生提供教学资源，由学生自己去完成，教师对学生的学习情况不过问、不帮助、不指导、不建议，采取放任的态度。后来又将专权型细化为强制专权型和和蔼专权型。强制专权型就是教师对课堂活动做出强制性的决定，不采纳学生的任何意见和想法；而和蔼专权型就是教师态度比较和

蔼，做决定之前会征求学生的建议，但大多数都不会被采纳。教师与学生之间的互动仅仅局限于表层，学生主动参与程度较差。这三种类型是课堂管理的基本方式，教师可以根据课堂教学的需要选择一种类型进行课堂管理，那么这种类型就成为教师进行课堂管理的主要方式。

（2）根据教师在课堂管理中的态度，把课堂管理分为主动型的课堂管理行为和被动型的课堂管理行为

主动型课堂管理行为就是教师在课堂教学中对学生的学习行为能够积极主动地进行管理，善于调动学生的学习兴趣，肯定学生的学习行为，关注学生的能力培养。教师更加注重关心和鼓励学生，善于协调师生之间的关系。教师在进行课堂管理时扮演着指导者和参与者的角色。被动型课堂管理行为就是教师认为学生不爱学习知识，都是被动地进行课堂学习活动，学生的一切活动都需要教师进行指挥和管控。因此，被动型课堂管理行为中教师更加注重学生的问题行为，对于问题行为会给予严厉的批评，甚至惩罚，从而达到教育的目的。

（3）根据学生问题行为的处理方式，教师的课堂管理可以分为前瞻性课堂管理行为和处理性课堂管理行为

前瞻性课堂管理行为就是对学生的问题行为能够提前预见，在问题行为没有发生之前就采取合理的措施加以控制，做好预防，是一种积极的课堂管理行为。处理性行为就是教师在进行课堂活动时，学生出现了问题行为影响了正常教学活动，那么教师就会进行及时的处理，解决学生的问题行为，从而使教学活动得以正常开展，学生的问题行为得到干预。

笔者依据课堂管理的含义，将课堂管理的基本类型概括为五种类型，即随意型、民主型、专断型、智慧型和情感型。

随意型的课堂管理中，教师对管理理念认识不足，对课堂管理不够重视，缺少责任感，课堂上重视知识的传授，而对于学生的学习活动和行为关注不足，任由学生自由发展。

民主型的课堂管理，教师能够在课堂教学活动和互动中积极主动，能够营造和谐的环境，对学生耐心细致地讲解和指导，从而使教学任务得以完成，达到预期的教学目标。

专断型的课堂管理，教师比较武断，对教师要求较高，完全体现的是教师的情绪，因此学生会比较紧张，有压迫感。

智慧型的课堂管理，教师对课堂教学活动会制订出明确的计划，对教学环节的安排科学合理，同时能够根据课堂教学活动的进程及时调整教学进度，课堂学习效果好，教学质量高。

情感型的课堂管理，教师常常会鼓励学生，表扬学生，使学生获得良好的情绪体验，认可教师的行为，能够配合教师的活动，自愿自觉遵守课堂秩序，完成学习任务。

4. 课堂管理的特征

（1）教学效果的最佳性

课堂教学效果实现最优化，是课堂管理的终极目标，也是人们关注课堂管理的原因所在。传统的课堂教学，只重视对知识的讲授，而很少考虑到课堂教学的效果，教师在课堂教学中很少会用到课堂管理技巧和方法去提高课堂教学的质量。随着课堂管理对课堂教学的重要性逐渐被认识和重视，相关人员会在实践操作中不断采取有效措施来提高课堂管理的效果，进而提高课堂教学的质量。通过课堂管理实现教学效果的最佳性已经成为人们的普遍认识。

（2）管理宗旨的教育性

课堂管理的宗旨就是教育学生。而这种教育的影响有的是显性的，有的是隐性的；有的是直接作用的，有的是间接产生影响的。课堂管理目标体现的是国家教育方针政策和学校的整体培养目标，课堂管理目标的教育性得到实现，那么学校的培养目标也就得到了实现。因此，课堂管理中各种活动都要围绕教育性来开展，要充分体现对学生的教育作用，要能够促进学生的全面发展。课堂管理的这一特点，既说明课堂管理的教育意义，也是课堂管理性质的体现。良好的课堂管理能够充分体现其教育性的宗旨，通过课堂管理活动的开展能够有效提高课堂教学的效果。

（3）管理内容的广泛性

课堂管理活动的开展虽然受到一定的空间限制，但内容却可以丰富多彩，涉及众多方面。这种广泛主要体现在课堂管理涉及面广，有小而全的意义。课堂教学中，教师在按计划完成自己的教学内容和教学任务的同时，还要关注所有学生的学习状态，并能够根据学生的反应做出合理的调整。同时，教师还要运用各种课堂管理方法培养学生学习的兴趣，以取得预期效果。有时候根据具体情况，教师也可以在课余时间解决课堂上没有处理好的问题和矛盾。随着新课程的改革，教育目标也在变革。那么课堂管理也应与时俱进，要不断增加管理的内容，拓宽管理的范围，提高管理的效果。

（4）管理对象的发展性

课堂管理的对象是学生，但学生是在不断地成长之中，他们在长身体、长知识，处于不断变化和发展之中。学生的这种不断变化和发展特性给课堂管理带来了许多挑战，也给教师展示其教育机智提供了舞台。课堂管理的功能不但体现在教育方面，还要有辅导和规范，避免成人化管理模式。在课堂管理中，教师应准确地了解和把握学生的身心发展特点，不能提出过高或过低的要求，避免课堂管理中的主观随意性和不负责任的行为。

（5）管理方法的多样性

课堂管理因其对象的特殊性，尤其要注意管理方法的选择和运用。课堂管理的方法多种多样，教师要根据课堂教学中具体情况，例如学生年龄特点、教学内容、教学资源、教育目标等，依据不同的问题采用不同的方式来解决。课堂管理简单、粗暴、模式化，就对课堂教学造成极大的影响。教师进行课堂管理时，要根据出现问题的实际情况，选择合适的管理方法，使解决的效果达到最优化。在教育实践中，教师也要大胆创新，积极探索新的管理方法，从而适应课堂教学环境的变化和学生的发展，进而提高课堂教学的质量和课堂管理的效果。

（6）管理对象的参与性

课堂管理要侧重学生的全员参与性。课堂是微缩的社会体系，是学生精神和心灵成长的地方。课堂教学就是教学讲解知识，学生记忆并储存知识的过程。课堂教学可以让学生进行相互学习和交流，从而学到新的知识，获得心灵的成长。学生还可以采用小组学习的方式，以及在课堂讲座中互动。[1] 通常情况下，课堂中的互动活动都是通过集体的形式来开展的，学生会在组织和团体中获得自己的位置，完成自己的任务。也就是说，每个学生都要在自己的位置上发挥自己的作用。但这种位置和任务不是固定不变的，而是随着教学活动的开展而不断发生变化的，因此就形成了课堂管理中的人人参与性。这种管理对象的参与性最突

---

[1]　古德（Good，T）等著，吴文忠译：《课堂研究》，台北：五南图书出版公司，1997 年，第 306 页。

出的优点，就是能够最大程度地使每个人参与课堂教学活动，每个人都能找到自己在小集体中的位置，发挥自己的潜力和长处，让小集体发挥更大的效用；而且在这个集体中，每个人可以在履行自己职责过程中发现自己的潜力，也可以给每个人积累不同的经验。[①] 可是，课堂管理中，教师要让更多的学生参与课堂活动。否则多数学生因为与教师交流的少而产生消极情绪，影响学生的健康成长。

（7）管理实施的及时性

管理实施的及时性，体现在教师在进行课堂教学和课堂管理中，经常会有意外的突发情况。针对这些突发情况，教师要在进行课堂教学活动的同时，及时进行处理和解决。因此，教师不但要具有进行教学的能力，同时还要具有解决问题的能力。课堂教学中常常会出现多种影响课堂教学的因素，教师在处理这些问题时要遵循以下原则：处理问题不能影响正常的教学活动；解决问题要有针对性，目标明确；要考虑到全体学生，又能解决个别学生的问题行为。当课堂上出现突发状况时，教师必须及时、快速、合理地进行解决，并达到最佳的管理效果。

三、课堂管理的价值与意义

著名心理学家詹金斯（G. D. Jenkins）通过大量实验研究得出结论：教师的知识能力远远排在管理能力的后面；西方著名

---

① 片冈德雄：《论班级的组织与管理》，载张人杰主编：《国外教育社会学基本文选》，上海：华东师范大学出版社，1989 年，第 531 页。

的社会教育专家班尼（M. A. Bany）也指出："在教师从事的一切任务中，没有比管理技巧更为重要的了。"① 罗杰斯（C. Rogers）在进行深入研究后指出，可以把教学作为管理的一部分进行研究。② 由此可见，课堂管理的内容非常广泛，包括课堂活动的所有方面。课堂管理直接影响着课堂教学的效果，在课堂教学活动中具有至关重要的作用。

1. 维护良好的课堂纪律，保证课堂活动正常进行

课堂是学校开展教育活动的重要场地。教师要在课堂时间内完成教学任务，需要同学生进行大量的互动。所以课堂教学过程中经常有突发情况出现，影响课堂教学活动的顺利进行。因此，有效的课堂管理是课堂教学活动开展的前提和保障。课堂教学活动涵盖了课堂上的教学内容安排、实施步骤、教学方法的选择和运用、学生的学习状态以及学生学习效果的考核等。那么课堂管理就要对各种影响课堂教学活动因素进行管理，排除不利因素，维持良好的课堂秩序，提高学生学习兴趣，让学生能够自主学习，以保证课堂活动顺利开展。课堂管理使课堂秩序维持在一个稳定的状态，从而使课堂教学和课堂活动有效进行。

2. 创建有效的课堂环境，使学生得到健康发展

课堂物理环境和心理环境是组成课堂环境的两大部分，课堂物理环境是指教室内的桌椅摆放、教室光线情况、教室的采光与

---

① M. A. 班尼等：《教育社会心理学》，昆明：云南教育出版社，1986 年，第 56 页。
② 傅道春：《教师组织行为》，上海：上海教育出版社，1993 年，第 101 页。

通风、教室物品的摆放等；心理环境也可为学生创设良好的氛围，净化学生的心灵，培养学生优秀品质，同时提升教师工作的动力，使其努力进取、勇于创新，使课堂教学呈现良好的教学效果，进而促进课堂教学质量的提升。营造良好的课堂氛围，让学生愉悦舒适地学习，在良好的课堂环境里，学生会积极主动进行学习，同学之间彼此信任、师生之间互相尊重。有效课堂环境的营造，会让学生在各个方面都得到不同程度的发展。

3. 促进师生互动，提高教学效率

课堂是教师教学行为和学生学习行为相互作用的场所，课堂活动是教师和学生交流过程。课堂上，师生之间、生生之间大量的交流和沟通，并互相产生影响。课堂的本质是进行互动交流，课堂的重要任务也还是互动活动。[①] 师生之间的互动有赖于课堂中师生之间的交流与沟通。学生通过与教师、同学之间的交流和互动，学习新知识，增长新能力，开阔新视野。在这样的过程中，学生得到老师的认可、赞扬和鼓励，集体感和归属感得到满足；教师通过与学生的交流互动，传授知识信息，获得学生学习的反馈，受到学生的尊重，激发教学的热情，使课堂教学活动得以顺利开展。通过课堂有效管理，师生之间的互动更加和谐顺畅，促进课堂教学效果的提升。

4. 培养团队合作意识，协调学生间的关系

随着社会的不断发展和竞争的日益激烈，人们越来越重视团队意识和合作意识，也越来越重视人与人之间的交流和协

---

① 陈时见：《课堂管理：意义与变革》，《教育科学研究》，2003 年第 6 期。

作。师生关系、生生关系是课堂中的人际关系，表面看起来比较简单，但要想培育好这些人际关系，仍需要教师付出较多的精力，也需要教师具备较高水平的技巧和智慧。新的时期，社会的需求在发生变化，教育的培养目标也要不断发生变化。因此，教师不仅要教学生文化知识，更要教学生学会怎样生存与发展。课堂是教师对学生开展教育活动的最重要的场所，而课堂管理的最终目标就是促进学生的成长与进步。要通过课堂管理，调动学生对学习的参与度，挖掘学生的潜能；让学生在课堂上学会与人相处，能够协调好与同学、与老师的关系；在课堂活动中学会团队合作，互相帮助，使学生的交往能力得到提升，还要培养团队意识。

四、本书研究的框架

综上所述，本研究整体上分为三个方面：课堂管理的理论探究、课堂管理的现状分析以及课堂管理的策略探究。其中课堂管理的理论探究部分既包括本研究中独立的课堂管理理论基础部分，又包括其他两个方面的有关理论探究；有关课堂管理相关理论的分析思路、方法或观点既影响对课堂管理现状的分析，也影响课堂管理有效策略的提出和探讨；而通过有关课堂管理现状分析所形成的问题认识，则是我们提出有效课堂管理策略的直接依据。因此，本研究的概念框架可表示如图 2.1。

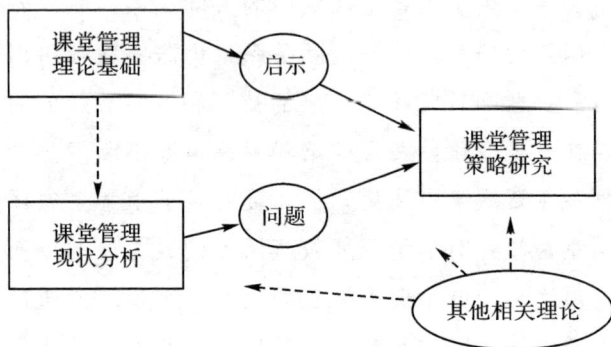

图 2.1 本书研究的概念框架图

第 3 章

研究方法、资料来源和本书的构架

一、研究方法

就课堂管理的研究方法而言，国外学者比较重视定量研究，这种研究方法科学化程度固然较高，但容易忽略人的价值性和主体性；而国内学者则大多采用定性研究方法，这类方法主观性较强，甚至可以只是一般的议论和讨论。因此，本研究运用定量与定性两种方法，并加以结合，进行研究。

定量研究方法就是通过问卷调查、走访谈话等方式，获得研究所需要的最基础的数据信息。本研究采用定量研究方法能够获取国内学校课堂管理现状的基本信息，从而为学校课堂管理存在问题的科学分析和课堂管理的策略研究提供强有力的数据支持。

定性研究方法主要采用文献资料法、总结归纳法、比较分析法等。本研究通过对众多文献资料的研究，获得理论上的信息，再将这些理论数据和已获得的基础信息进行比对，并研究分析，最终形成本研究的出发点。在此基础上，研究国内学校课堂管理现状并获得课堂管理策略的高于具体经验的认识，进而形成本次研究的成果。

二、数据的收集

除了文献资料外，我们通过问卷调查和访谈获取大量的数据资料，现将这两种方法的设计、收集数据的过程及基本统计分析结果描述如下。

三、问卷调查

1. 问卷设计及调查实施

笔者在杭州市随机抽样选择 3 所中学，其中一所学校的教育改革走在杭州市前沿，具有一定的代表性。依据本人的从教经历，和在一线多年从事课堂管理实践工作的经验，本人对基层课堂管理有较深的了解，有利于抓住重点进行实践调查，确保问卷调查的数据信息的真实性和有效性。对该 3 所学校的教师和学生分别发放两类问卷，第一类问卷是封闭式问卷，共 24 道题；第二类问卷为开放题，即对教师进行的访谈题。

通过问卷了解教师对课堂管理的认知、实施课堂管理的方式和对学校实施课堂管理的想法。设计教师问卷时重点包括了五个方面：课堂管理制度情况、教师课堂管理方式、课堂师生关系、课堂环境的认识、教师自我效能感。在设计学生问卷时，重点也包括了这五个方面。目的是通过师生问卷调查的结果，比对师生对同一问题在认识上的相同点与不同点，在此基础上进行分析和整理，总结出当前学校课堂管理的现状及存在的具体问题。在问卷设计中，为了能够真实地反映出当前课堂管理中师生的具体情况，为了避免只选同一选项情况的出现，把各选项的题目进行了混合排列。其中第22，17，14，8，9，18，5，19题属于课堂环境方面的调查内容；第11，13，15题是关于课堂管理制度方面的调查，第4，1，20题是了解对教师课堂管理的方式；第3，16，12，21题是对教师自我效能感的分析和认识；而2，6，7，10题则是教师和学生对课堂管理认识方面的调查。其中对前四个主要方面的调查题目采用了选项对应分值的方式，题目备选项分别为完全符合（4分）、基本符合（3分）、不清楚（2分）、基本不符合（1分）、完全不符合（0分）。采用选项内容对应分值的方法，便于后期的整理和统计，也便于通过分值反映出具体的问题。对于其他两个方面的调查问题，则采用了自由选择式对应百分率计算的方式。

学生问卷与教师问卷在题目形式设计上相一致。其中了解课堂环境方面的问题有第5，8，9，14，17，18，19，22题；而第11，13，15题则是调查学生对课堂管理制度的认识；第4，1，20题是了解学生对教师课堂管理方式的认识；第3，16，12，21题是对学生自我效能感的分析和认识；第2，6，7，10题是关于教师和学生对课堂管理的认识方面的问题。其中对前四个主要方面的调查题目采用了选项对应分值的方式，题目备选项分别为完全符合（4分）、基本符合（3分）、不清楚（2分）、基本不符合（1分）、完全不符合（0分）。采用选项内容对应分值的方法，便于后期的整理和统计，也便于通过分值反映出具体的问题。对于其他两个方面的调查问题，则采用了自由选择式对应百分率计算的方式。

本研究随机抽样选择了3所中学的教师和学生为调查对象。

教师为 3 所学校内担任初中科目教学的全体教师，学生为 3 所学校内初一至初三年级学生，3 所学校是实施新课程改革的第一批示范学校。本次开展的调查问卷从 2009 年 3 月开始，历时一年时间，到 2010 年 3 月截止。其间共发放教师问卷 120 份，收回 120 份，118 份为有效问卷；发放学生调查问卷 460 份，收回 460 份，455 份为有效问卷。

2. 问卷调查结果的初步分析

（1）课堂环境的心理感受

环境是指围绕主体并具有定量空间的各种实体和社会因素。从古至今，课堂环境的研究都不是教育研究的重要内容。直到 20 世纪，人们关注到课堂管理在课堂教学中具有极其重要的作用，并开始对课堂管理进行研究和探索。这时，课堂环境才成为人们研究课堂管理中的一部分内容，才开始了对课堂环境的真正研究。福拉塞（Fraser，B. J.）通过对大量研究文献的分析，发现对课堂环节的研究大多是采用了定量与定性相结合的方式，分析课堂环境对学生学习的影响。[①] 课堂管理过程中，教师和学生的课堂行为和课堂环境联系密切，并且受到课堂环境的影响。所以，如何在课堂管理中构建有效的课堂环境，就成为本研究的一个重要内容。

物理环境和社会环境构成了课堂环境。课堂物理环境是指课堂上存在的各种物质实体，比如学校的教学楼、教室墙体颜色、

---

① Fraser，B. J. Classroom environment instruments. In Smith，P K&Pellegrini，A. D ed. Psychology of education. Routledge Falmer 2000. P161.

教室光线的亮度、教室的温度、教室内学生的数量、座次位置等。课堂社会心理环境是指课堂中教师与学生、学生与学生之间形成的相互联系，例如班级课堂风貌、课堂氛围等。本研究重点从教室环境、班级大小、教师和学生的关系、学生之间的关系和课堂学习状态等几方面进行问卷调查，从而分析师生对课堂环境的心理感受。

从数据分析可以看出，课堂环境对教师的影响总体上呈近似正态分布，如图3.1。

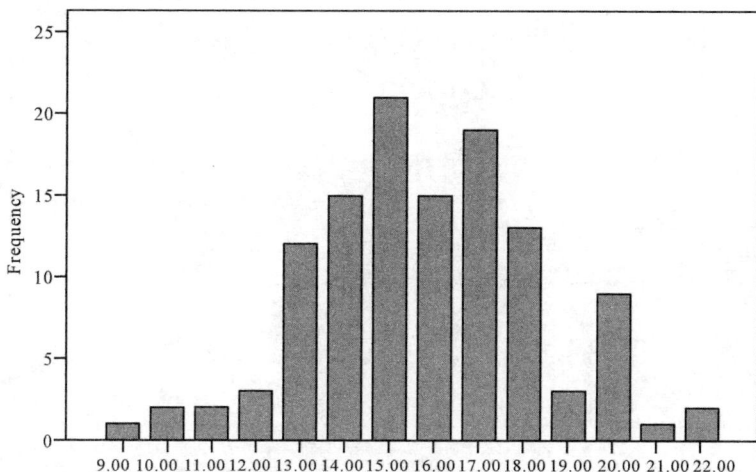

图3.1 中学教师对课堂环境心理感受的总体分布趋势图

图3.1表明，中学教师对课堂环境心理感受的总体分布趋势，从总体的近似正态分布看，13分到20分的中间分数较为集中。课堂环境心理感受的总分范围为0至32分，理论中位数在16分以上，表明课堂环境和谐，教师对课堂环境感到满意。近似正态分布的结果说明当前课堂环境的建设总体令人满意，但同时也存在亟待改进之处，尤其是在师生交流、沟通方面。

学生对课堂环境心理感受的总体趋势呈正偏态分布，如图 3.2。

图 3.2 表明，中学生对课堂环境心理感受的总体分布趋势，从总体的正偏态分布看，得低分数的人数较多。课堂环境心理感受的总分范围为 0 至 32 分，理论中位数在 16 分以上，表明课堂环境和谐，教师对课堂环境感到满意。正偏态分布的结果说明学生对当前课堂环境总体并不满意，学生与师生在课堂环境感受上的较大差异应引起重视。

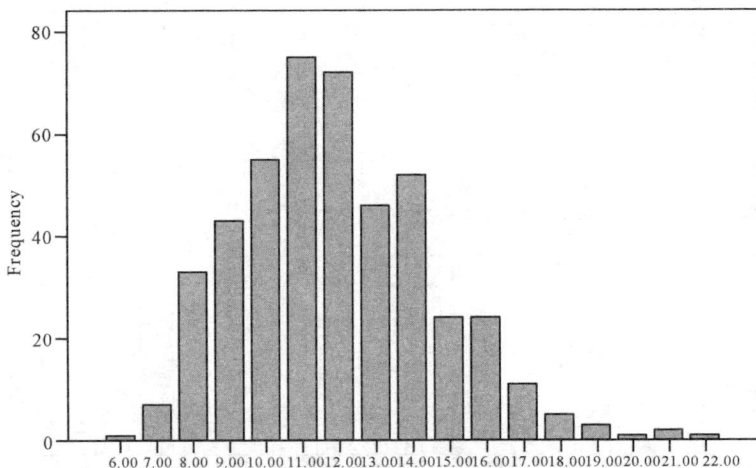

图 3.2 中学生对课堂环境心理感受的总体分布趋势图

（2）教师制订、实施课堂管理制度的方式

教育范畴内的制度大多是指那些涉及教育体制的具有整体性的规则和规范，例如高考制度、中考制度、招生考试制度等。而课堂管理制度则很少被人提及，更不用说纳入教育制度研究领域了。课堂管理制度只是众多教育制度中微乎其微的一项。但是，对于课堂教学和课堂活动来说，课堂管理制度却具有至关重要的地位，发挥着重要的作用。课堂管理制度在课堂中的重要作用主要体现在三个方面：常态性、普遍化和实效性。常态性是指每一节的课堂教学都要有课堂管理制度的支持才能顺利进行；普遍化是指几乎每所学校中都有课堂管理制度；实效性是在课堂上教师和学生的行为都受到课堂管理制度的约束。在学校教育实践中，每一所学校都有课堂管理制度，虽然名称各有不同，但内容却极为相似，都对学生和教师的行为加以明确限定，例如学生的举手回答问题的姿势、书本摆放的位置等。但是，制订制度不是关键，落实制度才是最为重要的。如何制订、落实、改进制度，这些才是确保课堂制度发挥实际效用的关键；反之，则会影响制度实效性的发挥。本书主要就教师在制订、实施课堂管理制度的方式上进行调查，以凸显制度民主性对课堂管理的重要作用。

中学教师制订与实施课堂管理制度的方式的总体趋势，呈轻微正偏态分布，如图3.3。

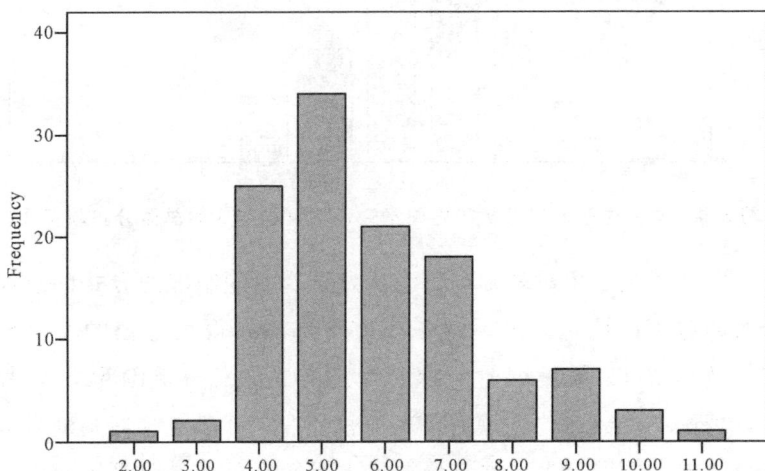

图3.3　中学教师制订与实施课堂管理制度的方式总体分布趋势图

图3.3是中学教师制订与实施课堂管理制度的方式总体分布趋势图，从轻微正偏态分布来看，4分到7分间的分数较为集

中。教师对制订、实施课堂管理制度方式的总分范围为 0 至 12 分，理论中位数在 6 分以上，表明教师在制订课堂管理制度时能充分听取学生的意见，在实施方式上平等、公正。轻微正偏态分布的结果，说明当前教师在制订与实施课堂管理制度时在听取学生的意见、实施方式上还有待改进。

学生对教师制订与实施课堂管理制度的方式的总体分布趋势呈明显正偏态分布，如图 3.4。

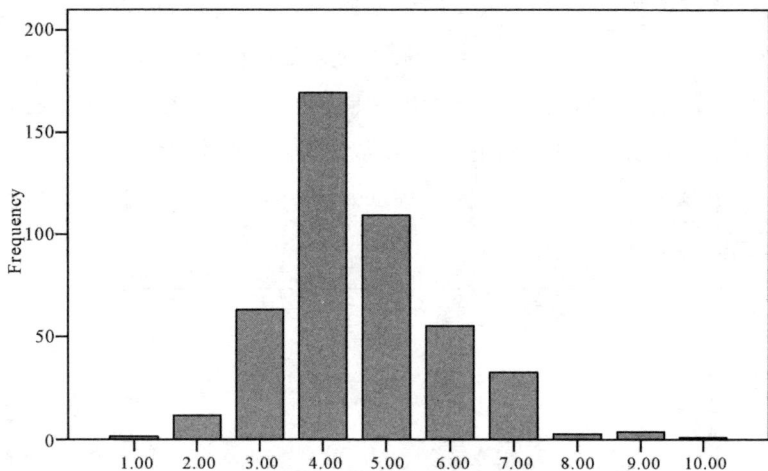

图 3.4　学生对教师制订与实施课堂管理制度的方式的总体分布趋势图

图 3.4 是学生对教师制订与实施课堂管理制度的方式的总体分布趋势图，从总体的明显正偏态分布看，得低分数的人数较多。教师制订、实施课堂管理制度的方式的总分范围为 0 至 12 分，理论中位数在 6 分以上，表明教师在制订课堂管理制度时能充分听取学生的意见，在实施方式上平等、公正。明显正偏态分布的结果，说明学生认为教师制订、实施课堂管理制度时较少听取学生的意见且有失公正。

而从教师在实践中管理课堂的方式来看，师生对管理课堂的方式的总体分布趋势都呈较为明显的负偏态分布，如图 3.5 和图 3.6。

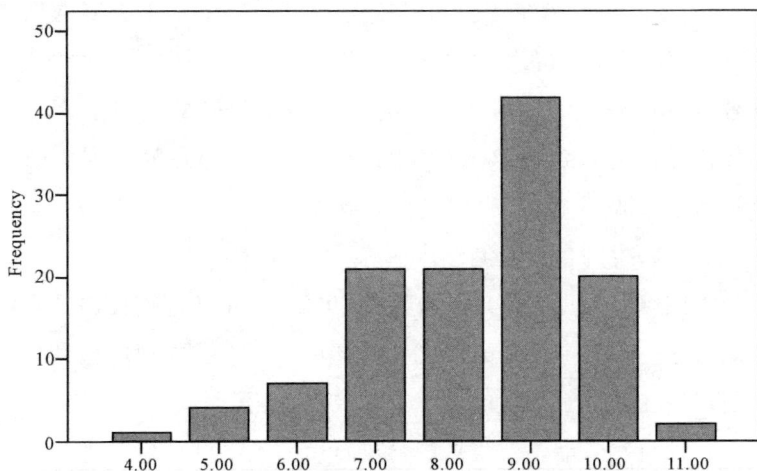

图 3.5 教师的课堂管理方式趋势图

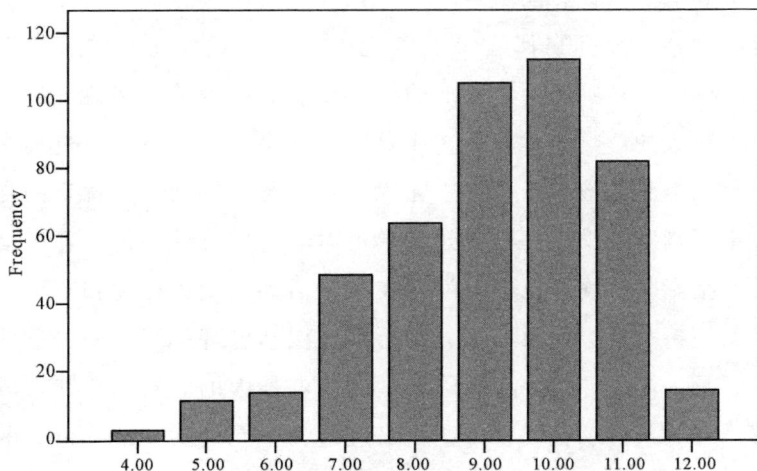

图 3.6 学生对待教师的课堂管理方式趋势图

图 3.5 和图 3.6 表明，师生对待教师课堂管理方式的总体分布趋势，从总体的明显负偏态分布看，得高分的人数较多。通过这两幅统计图可以看出，教师的课堂管理方式分数范围在 0 至 12 分之间，理论中位数在 6 分以上。这个结果表明在课堂管理中教师比较重视自身的权威性，擅长发挥课堂纪律的效用管理学生，解决学生的问题行为，也表明教师的课堂管理方法比较简单。明显负偏态分布的结果，说明教师在管理课堂时注重权威、强调管制。

（3）师生的自我效能感

美国著名心理学家班杜拉在 20 世纪 70 年代末期提出了自我效能感这一理念，就是人们在特定环境中对自我能力的一种预期判断，并在其自主系统中发挥着重要的作用。

教师自我效能感就是指教师进行课堂教学和课堂管理中，对自己能够完成预定的教学计划、有效完成教学任务、达到教育目标和管理目标、能够给予学生积极的指导等方面做出的主观自我判断。教师在课堂上的表现受教师自我效能感的直接影响，同时对教师在课堂管理的投入度和克服困难的坚持度也会产生极大的影响。学生的自我效能感就是指学生在学习过程中对自己能否有效进行学习、完成学习任务、得到教师肯定的自我主观判断。学生的自我效能感也对学生学习的积极性和主动性产生影响，同样也会对学生在学习活动的投入程度和克服困难的坚持程度方面具有极大的影响。课堂管理系统中最关键的因素是人，而课堂中对教师和学生影响最大的因素是自我效能感。自我效能感强的教师能积极应对教学和课堂管理中出现的问题，充分发挥人在系统中的关键作用。同样，自我效能感强的学生在学习中能够积极应对和解决学习中遇到的问题，充分发挥人在课堂管理中的重要作用。

教师自我效能感的总体分布趋势呈轻微负偏态分布，如图 3.7。

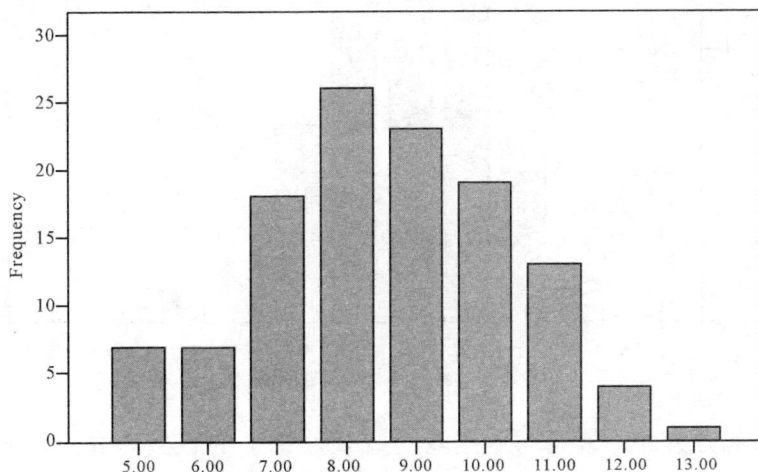

图 3.7　教师自我效能感统计图

从图 3.7 可以看出，教师自我效能感总体分布呈轻微正态趋势，低分值的人数要少于高分值的人数。教师自我效能感的总分范围为 0 至 16 分，理论中位数在 8 分以上，表明教师在提高教学水平、促进学生发展方面有信心，自我效能感强。轻微负偏态分布的结果，说明当前大多数教师的自我效能感较强，但与此同时也有不少教师在提高教学、促进学生发展方面缺乏信心。

学生自我效能感的总体分布趋势呈轻微正偏态分布，如图 3.8。

从图 3.8 可以看出，学生自我效能感总体分别呈轻微正偏态趋势，高分值的人数多于低分值的人数。学生自我效能感的总分范围为 0 至 16 分，理论中位数在 8 分以上，说明学生具有很强的自我效能感，并可以主动进行学习活动。轻微正偏态分布的结果表现目前大部分学生的自我效能感不强，对学习不够自信，学

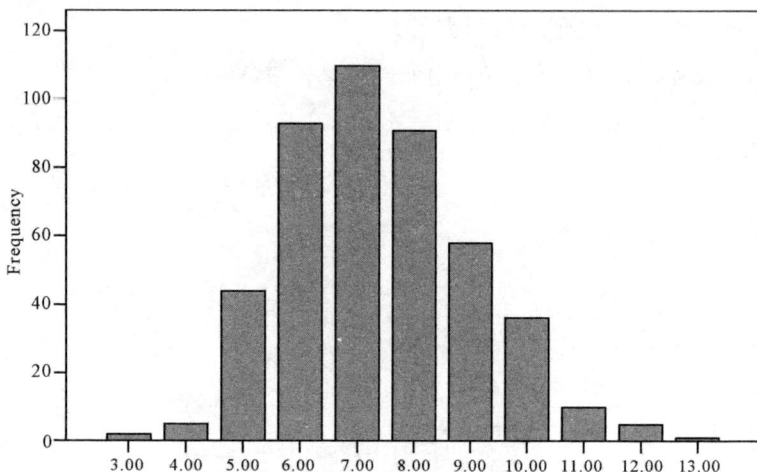

图 3.8　学生自我效能感统计图

习能力欠缺。教师与学生在自我效能感上的轻微差异应引起重视。

（4）师生对课堂管理的总体认识

笔者在调查问卷中，就课堂管理的任务、学生出现违纪行为的原因、课堂管理中烦恼以及决定课堂管理好坏的因素四个方面，设计四个选项的题目让教师和学生作答。这样设计的原因就是要从整体上了解和掌握教师对课堂管理的认识，以及教师是如何解决在课堂管理中遇到的突发情况的。调查结果如下表 3.1 所示。

表 3.1　教师对课堂管理总体认识结果统计表

题序号	选　　项	频数	百分比（%）
7. 课堂上学生违纪行为出现的原因是　（　　）	A. 学生不愿学	82	69.5
	B. 教师授课方式不合理	4	3.4
	C. 课程内容难度大	7	5.9
	D. 课堂环境条件差	25	21.2

续　表

题序号	选　项	频数	百分比（%）
2. 教师在课堂管理中最大的烦恼是　　（　　）	A. 学生不愿学 B. 学生不积极发言 C. 课堂纪律差 D. 课堂气氛沉闷	83 26 3 6	70.3 22.0 2.5 5.2
12. 有效课堂管理的决定性因素是　　（　　）	A. 建立和谐的师生关系 B. 提高自己的课堂教学水平 C. 善于运用权威的力量 D. 制订合理的课堂管理制度	73 29 11 5	61.9 24.6 9.3 4.2
6. 课堂管理中最重要的任务是　　（　　）	A. 严抓课堂纪律，不影响课堂教学 B. 创设良好的课堂环境，促进学生主动学习 C. 正确处理违纪行为，提高学生自我控制力 D. 树立教师威信，维持课堂秩序	6 78 30 4	5.1 66.1 25.4 3.4

从表 3.1 的统计结果来看，学生不愿意学习是影响教师课堂管理的重要因素。有 69.5％的教师觉得学生在课堂学习中出现问题行为是因为学生对学习不感兴趣，不想参与学习活动；21.2％的教师觉得教学环境会影响学生课堂的表现。调查表明，影响教师课堂管理的最大因素是学生的学习状态，有 70.3％的教师选择了"学生不愿学"，22.0％的教师选择的是"学生发言不主动"。由此可见，学生不愿学的现象具有普遍性。而通过对学生的调查和走访发现，学生不愿学的原因是教师在进行课堂教学时教学方法陈旧、教学手段简单、教学设计缺少创新、讲授知识方式生硬。教学活动是课堂活动的中心，课堂教学正常开展是课堂管理的最终目的，但不顺利的课堂教学也是课堂管理有效开展的障碍。因而，教学为先，教学与管理并重的思想应充分融入教师的课堂管理实践中。

通过问卷发现，有 61.9％的教师把课堂上师生关系看作促进课堂管理的决定性要素。而且，66.1％的教师把创设良好的课堂氛围作为课堂管理的重要内容，认为课堂氛围影响着学生的自我控制能力。从教师对这两个问题的回答中可以看出，教师普遍重视师生关系和课堂环境在有效管理课堂中的重要作用。或者说课堂心理环境中的师生关系层面是教师尤为重视的。然而培养良好的师生关系并不是一个短期的过程，它需要教师倾其更多的时间和精力，运用有效的策略来构建。什么样的策略才能更好地改善教师与学生的关系是本书研究的一个重点。

表 3.2　学生对课堂管理总体认识结果统计表

题序号	选　项	频数	百分比（％）
7. 课堂上学生违纪行为出现的原因是（　　）	A. 学生不愿学	258	56.7
	B. 教师授课方式不合理	30	6.6
	C. 课程内容难度大	62	13.6
	D. 课堂环境条件差	105	23.1
2. 学生在课堂上最大的烦恼是（　　）	A. 知识难度大	59	13.0
	B. 教师的教学方法不合理	24	5.3
	C. 课堂纪律差	81	17.7
	D. 课堂气氛沉闷	291	64.0
12. 你认为有效课堂管理的决定性因素是（　　）	A. 建立和谐的师生关系	317	69.7
	B. 提高教师自身的课堂教学水平	75	16.5
	C. 善于运用权威的力量	17	3.7
	D. 制订合理的课堂管理制度	46	10.1
6. 教师在课堂管理中最重要的任务是（　　）	A. 严抓课堂纪律，不影响课堂教学	144	31.6
	B. 创设良好的课堂环境，促进学生主动学习	208	45.7
	C. 正确处理违纪行为，提高学生自我控制力	39	8.6
	D. 树立教师威信，维持课堂秩序	64	14.1

从表 3.2 的统计结果来看，学生对课堂管理的认识与教师大体上一致。"课堂气氛沉闷""不愿学"是造成学生违纪行为和课堂烦恼的主要原因。但学生的调查结果与教师的调查结果有所不同，31.6％的学生觉得教师在课堂管理中最重要的是维持课堂秩序，使课堂教学能够正常开展。

四、访谈调查

1. 访谈提纲的设计

教师的访谈提纲设有 9 道问题，第 1 题的设计是为了掌握调研班级的基础状况；第 2 和第 3 题是为了掌握教师对课堂管理的整体认识情况；第 4 题是了解教师对课堂环境的感受和想法；第 5，6 题是具体了解教师对课堂管理制度的认识；第 7 题是掌握师生之间的交流和互动情况；第 8 题了解掌握教师对课堂管理中课堂教师与课堂管理之间关系的看法；第 9 道题是了解教师在课堂上处理和解决学生问题行为的方法。

2. 访谈对象的确定

本研究选取杭州市 5 所重点中学的教师 15 人。之所以选择这 5 所重点中学的教师，主要是考虑到这些学校较早实施了新课程改革，这些学校的教师往往是教育改革的先行者。通过对这些置身课改前沿的教师的访谈，能够了解并掌握目前学校课堂管理的状态和存在的问题，了解他们对课堂管理的认识和想法。笔者在对这些教师进行听课的基础上进行了访谈。

3. 访谈结果的初步分析

（1）教师认为课堂安全是教师应首先予以考虑的问题

学生之间的争吵、矛盾会伤害到学生的身心健康。如果教师处理不当，采用极端方法，也容易导致学生受到伤害。随着新的教育思想的注入，教师已经摒弃了体罚这种不益于学生身心健康发展的管理方式。笔者通过对两位体育教师的访谈，了解了他们都曾在体育课上发生过安全事故。因此，他们认为做好体育课的安全最为重要，在体育课上教师要重点管理好体育设备、器材和场地，具备一定安全管理知识，这是大多数乡村体育教师容易忽视的问题。

（2）教师认为课堂环境对教学质量影响较大

就课堂物理环境而言，大多数教师较为强调教室的整洁和美化，而具体到教室的采光、颜色、噪音等方面，只有少数教师注意到其重要性。绝大多数教师都谈到了学生规模和座位安排对学生发展的影响，但并没有过多强调。而课堂心理环境，是教师最为关注的因素，用他们自己的话说就是"学风""班风"。对于怎样创设良好的课堂心理环境，每位老师都有自己独特的想法和思路。在倾听了他们的陈述后，我发现与学生建立良好的师生关系，是教师们为改善课堂心理环境所普遍采取的策略。有教师认为，与学生交流、与成人交流在内容和方式上都有所不同，既要以近乎儿童的心灵来了解学生、感受学生，同时又要以成人的智慧来引导学生、启迪学生。

（3）教师要树立自身威信，体现权威性

如果教师自身威信高，具有权威，课堂管理效果就会很好。秩序是前提和保证。所以，教师更加重视课堂管理制度的建设和实施。在实际操作中，教师也认识到课堂管理制度的制订和实施要有伸缩的空间，不能一刀切。少数教师表示，当前学校的课堂管理制度缺乏针对性和可操作性。

（4）教师应采取民主型的管理方式处理学生的问题行为

新课程改革的深入开展，使学生在课堂上的地位得以提升，教师在处理师生关系时也更加注重对学生的保护。教师在面对学生问题行为时，能够选择合适的方式，采取适宜的手段，以学生能够接受的方式，体现民主和公正。那么如何提高课堂管理水平呢？教师们普遍认为课堂管理中因素众多，比较复杂，但是完善课堂教学是其中比较高效的一种方法。除此之外，教师加强学习、提高专业素质和综合素养，也有利于课堂管理的有效实施。

五、本书的创新点

本书采用定性和定向研究相结合的研究方法，避免了使用一种方法所带来的局限性；在研究思路上以问题取向来提出课堂管理研究的策略，使本研究得出的课堂管理策略更具有实效性和针对性。同时，本书还分析了心理学、管理学、社会学对课堂管理的作用，并着重分析了课堂中人—机—环体系，特别是课堂环境中出现的问题。在理论建构上，重点提出课堂管理的安全性以及有效性等问题。最后，本书着重调查了师生效能感的现状、分析师生效能感与课堂管理的关系，并在实践层面提出了关于提高师生效能感的有效策略。

六、本书的构架

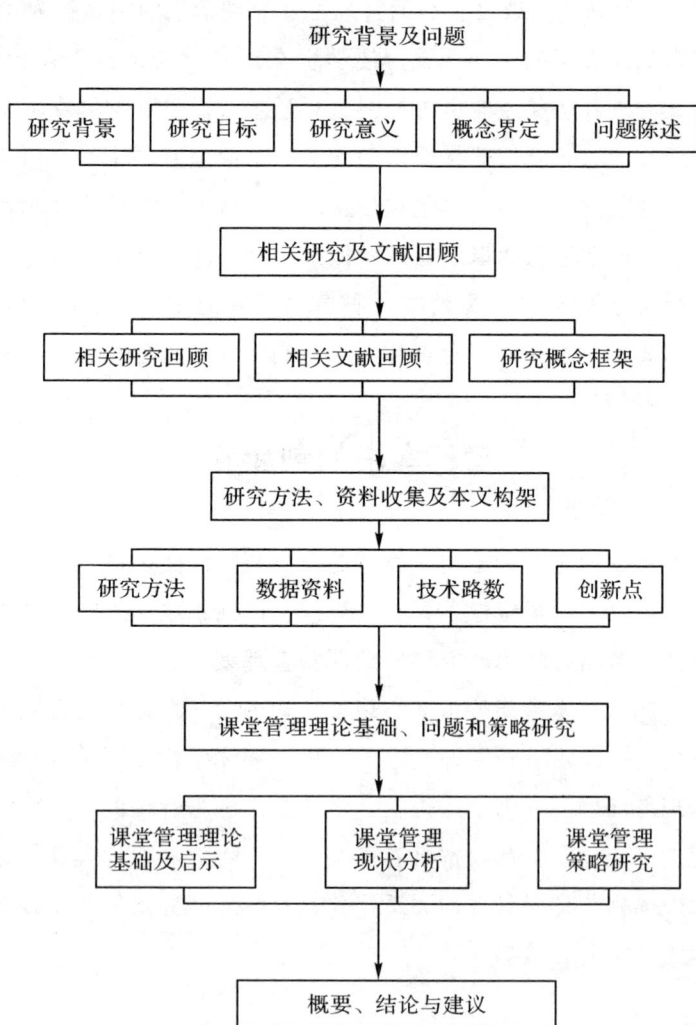

图 3.9　本书框架结构图

第 4 章

课堂管理理论、问题

一、课堂管理理论基础及启示

许多相关学科都为课堂管理提供了丰富的理论基础，它们能为我们认识课堂管理的方方面面提供理论指导，我们能从中获取有益的启示。

1. 课堂管理的心理学基础

课堂管理和心理学之间的关系极为紧密。课堂管理理论的发展离不开心理学的发展，特别是行为主义心理学和人本主义心理学，对课堂管理的研究和发展具有非常重要的意义。

2. 行为主义的启示

行为主义在 20 世纪初出现于美国，分为旧行为主义和新行为主义。新行为主义出现于 20 世纪 30 年代，其特点就是倡导意识与行为的对立。

行为主义主张重视行为的研究而不是意识的研究。心理学研究的主要目的就是明确刺激和反应间的关系，实现对行为的预测和控制。行为主义主张以客观实验法进行研究，而不需要内省法。除此之外，行为主义认为，个体的行为是由后天所处的环境决定的，而不是先天的遗传。

行为主义对课堂管理的启示主要体现在两个方面：一方面，教师在进行课堂管理时，要掌握并运用塑造和矫正学生问题行为的方法；另一方面，教师要能够预防学生违规行为的发生。同时，教师要善于构建一种氛围，使学生的正确行为得到强化，问题行为得到消除。

3. 人本主义的启示

人本主义心理学是由美国心理学家马斯洛（Abraham Maslow）与罗杰斯（Carl Rogers）在 20 世纪 50 年代创立的。人本主义认为善良和美好是人的本质，实现自我是主要的需求。所以，在合适的境遇下，人就会力争实现积极的目的。

人本主义认为，可以通过改善环境来使人向好的方面发展，进而实现自我价值。人是独立的个体，具有不同的思想、情感和欲望，具有主观的内部体验，每个人都各不相同。心理学家要把人作为个体而不是合并在不同的范围之中。

人本主义对课堂管理的启示主要体现在以下几个方面：其一，课堂中重视人的因素，学生在课堂上具有主体地位；其二，在课堂中让学生学会自我评价、自我管理；其三，还要创建有利于学生"意义学习"① 和自主学习的课堂氛围，使学生主动学习，提高适应能力。

———————

① 罗杰斯在描述他的"以学生为中心"的教学观特征时，经常使用"意义学习"这个术语。他认为，意义学习提倡对知识的灵活理解，而不是消极地接受。这种学习要求学生能在相当大的范围内自行选择学习材料，自行安排适合自己的情境，提出自己的问题，确定自己的学习进程，关心自己的选择结果。

二、课堂管理的管理学基础

课堂管理和管理学有着极为密切的关系，管理学的发展对课堂管理具有十分重要的作用。20 世纪 20 年代"人际关系—行为科学"由梅奥创立，20 世纪 50 年代后期得到快速发展，形成行为科学理论。本研究重点探究"人际关系—行为科学"的管理理论和系统权变理论对课堂管理的启示和影响。

1. "人际关系—行为科学"管理理论的启示

第一，"人际关系—行为科学"管理理论主张社会人的理念，认为人不但有经济和物质上的需要，而且也有社会和心理方面的需要。尤其是社会和心理方面的需要更能促进人积极发展。所以在管理中首先要满足职工的社会和心理需要，这样才能调动他们工作的积极性。第二，"人际关系—行为科学"重视非正式组织的重要作用，认为管理人员应对非正式组织给予足够的重视，使其发挥作用，从而协调好正式组织和非正式组织间的关系。第三，"人际关系—行为科学"把员工的工作状态和对工作的满意度作为影响工作效率的主要因素。因此，提高功效，就要提升员工的满意度。管理者应该通过满足员工复杂的需要来激励其行为。

"人际关系—科学行为"这一管理理论对课堂管理的启示主要体现在：第一，在课堂上重视激励的作用，注重满足学生的需要，增强学生的满足感，进而促进教学效率的提高；第二，教师应善于与家长、学生进行交流和沟通，协调好人际关系。

2. 系统权变管理理论的启示

20 世纪中期，系统权变管理理论开始盛行，主要由社会系统学、系统管理学、权变理论等构成。系统权变管理理论认为：第一，组织是人互相协作的关系，是由两个以上的人组成的有目的的协作活动的体系，管理者的目的是组织目标和个人目标相统一，进而促进组织的进一步发展。第二，一个企业的组成包括很多重要因素，例如人、机械设备、物质资源等。这些因素在共同目标下形成了一体化的体系。而这一体系的发展也会受到这些因素的重要影响。因此，要从整体和相互关系上进行研究，使各种因素共同为总目标服务，进而形成一个完整的体系；这一理论认为，组织结构受环境因素的影响，因而管理制度不是孤立的，而是与其外在环境及制度所适用的内在环境间有密切关系。"如果管理制度不能与外在环境相适应，必受外在环境的阻碍而无法实施；如果不能与内在环境相适应，则必会引起适用该制度的人的抗拒。"[①] 管理者的作用在于提高员工的积极性，使他们在工作中得到某种满足感。

系统权变管理理论对课堂管理的启示在于：首先，重视课堂组织的整体性、系统性和开放性，注重学生个人目标与课堂管理目标的合理统一；其次，教师应强调课堂管理与课堂环境之间的关系，建立与环境相适应的课堂管理制度。

---

① 周欣等主编：《世界著名管理学家管理法则全书》，北京：中国致公出版社，1998 年，第 772 页。

三、课堂管理的社会学基础

社会学认为，课堂是一个微缩的社会体系，教师和学生在这一体系中相互影响、相互作用。因此课堂呈现出复杂而多变的社会性。本研究选择了功能主义、冲突理论这些影响比较大的理论进行探究，理解其对课堂管理的作用。

1. 功能主义的启示

20世纪50年代末60年代初期，功能主义理论开始盛行，其主要倡导社会各个组成部分互相协作，有秩序地为实现社会需求而发挥各自的作用。功能主义理论认为，社会的构成如同生物体的存在一样，各个部分既互相联系又各自在社会结构中发挥着功能和效用。社会是一个大的系统，而各个组成部分在这个系统中相互关联，不能脱离整体而分裂开来。在这样的社会系统中存在着一种成员共同认可的文化，即社会成员共同享有和遵守的价值观和伦理规则。社会成员对这一文化有相同的认知、相同的态度以及相同的行为，这样才能使社会成员形成稳定而和谐的统一整体，才能避免社会矛盾的产生，有利于社会整体的发展和进步。

功能主义理论在课堂管理中的启示主要体现在以下几个方面：第一，教师在进行课堂管理时应关注文化建设，在课堂内形成师生共同认可的价值体系，形成良好的课堂环境。在这样一个大家都认可的共同体内，矛盾和冲突就会减少，就能有效开展课堂管理。第二，课堂是社会体系的一个微缩版。课堂众多因素都会对这一体系产生影响。所以，教师在开展课堂管理时就要积极创造良好的课堂氛围，协调好各种因素之间的关系，在课堂上形成和谐统一的整体，使各种因素在课堂上呈现出平衡的状态，使课堂活动正常进行。

2. 冲突理论的启示

20 世纪 60 年代，冲突理论开始兴起，主要研究的是社会进程中矛盾冲突的不平衡状态。冲突理论研究社会的变化，认为社会的变化是一直存在的，那么社会冲突也就一直存在，社会中每一个方面的变化都会引起矛盾冲突的变化，这是社会结构的组成部分，推动社会结构不断发生变化。[①] 冲突理论还注意到社会关系中的强制性，一部分人统治另一部分人便形成了秩序。课堂上教师和学生之间存在着支配与被支配的关系，是一种希望和诉求之间的矛盾。

冲突理论对课堂管理的启示体现在：第一，课堂中的矛盾和冲突是正常的现象，教师应正确认识并采取合适的方式、方法进行处理和控制，提高课堂的凝聚力；第二，主权型的课堂管理在这一理论中找到了有力的支持，该理论同时也为课堂管理研究开辟了一个新的思路。

四、课堂管理现状分析

通过对教师和学生进行问卷调查发现，不管是教师对课堂管

---

① 鲁洁主编：《教育社会学》，北京：人民教育出版社，1990 年，第 642—644 页。

理的理解与认知，还是学生在课堂上的表现都有问题存在。下面就这两方面的问题进行分析和研究。

1. 师生有关课堂管理的认识问题

（1）课堂管理的安全性问题更为复杂，更为迫切

新课程实施的这些年来，以学生为本，尊重学生的主体性和创造性的教育理念已日益为教师所接受。教师辱骂学生、体罚惩戒学生的不良行为已较为罕见。然而近些年来，学校发生的体育课堂事故却屡见不鲜。以下是被访体育教师所叙述的两则课堂安全事故。

事故一：一次性注射器酿成的课堂事故。

2002 年×月×日，初一（×）班学生正在上体育课，体育老师安排学生们自由活动，几个学生拿出一次性注射器吸水互相对射玩耍。学生陆某与另一同学卓某正玩得尽兴，忽然被身后一同学不小心用力猛撞了一下，下嘴唇正好撞在对面同学的注射器针头上，导致嘴唇穿透、流血不止。后被及时送往乡医院，伤势得到控制。

事故二：以板凳代替障碍栏。

2004 年×月×日，初一（×）班学生王某在上体育课，为了丰富学校的体育活动，体育教师准备让学生比赛跨栏赛跑，没有专业的跨栏体育器材，该教师便以板凳作为跨栏赛跑的障碍栏，最先冲过终点线者为胜利。前一轮的跨栏赛进行得十分顺利，学生表现得极为兴奋。教师见状，便让学生再进行一轮比赛，并要求学生往返跑一次。可就在第二轮比赛中，不幸的事发生了，该班学生王某在返回跨越第 3 道障碍（板凳）时，由于体力不支而摔伤。医院诊断为骨折。为此，学校赔偿了不少医疗费用。

上述课堂安全事故引人深思，事故对学生造成的伤害也是十分巨大的。就事故二而言，学生王某的左脚受伤源于体育教师个人认为的"合理决策"，即学生能够避免撞击板凳的伤害，或板凳的高度不足以造成事故。王某同学因体力透支而导致的撞击板凳则反映出教师对学生的"过度负荷"意识的缺乏。

事故一中，学生陆某因玩耍注射器而导致嘴唇受伤，一是由于学生之间用注射器玩耍的危险性行为，二是由于教师的管理疏忽。此外，从社会层面来看，医务工作者没能及时销毁这些一次性注射器也难辞其咎。由此可见，造成事故的因素有很多，教师需要对可能造成安全事故的各个环节加以留心，以防万一。

除此之外，部分学校也存在体育器械不安全、教师进行体育教学时对体育设备和活动场所管理疏忽或失职等情况。部分教师拓宽了学生学习的渠道，把课堂延伸到了户外，深入社区、工厂。这无疑有利于学生全面发展，但与此同时，课堂安全性问题也变得更为广泛、更为复杂——从生理到心理、从物质到文化、从校内到校外。此外，学生厌学所导致的情绪焦虑、行为反常教师也应予以关注。

总之，除了增强教师自身的课堂安全意识外，学校对教师进行课堂管理安全知识的系统培训也很有必要。本书在后记中详细介绍了几种课堂管理安全的理论和模型，以学校和教师为基点，为教师提出了一系列的课堂事故预防策略。当然，要彻底解决课堂安全问题，仅从教师和学校两个层面来分析是远远不够的。这需要社会、家庭等各方面的积极介入，需要从政治、法律和文化等各个层面加以分析。

（2）对课堂管理功能认识存在不足

大部分教师对课堂管理功能认识不足，觉得课堂管理就是对课堂中的各个方面进行管理和约束，维持课堂秩序，预防学生问题行为发生。笔者在调查和走访时也发现教师在课堂上经常采取强制手段来处理学生的违规行为。但是，通过制订课堂规则、维护课堂纪律、规范学生的行为只是课堂管理的功能之一。课堂管理的促进性和协调性才是其功能中的重要部分。这种功能认识上的偏失也容易造成教师过于强调教师权威在课堂管理和课堂教学中的作用，而忽视了诸如课堂学习气氛、师生关系等其他层面上的积极作用。

导致教师对课堂管理功能认识不足的深层原因，在于教师对课堂管理目标认识的偏失。笔者就课堂管理目标的认识访谈了不少教师，现列出几位教师在访谈过程中的不同回答。

教师1：在我看来，课堂管理最主要的目标就是要保证课堂良好的纪律，使容易出现问题行为的学生能够认真听课，不扰乱课堂秩序。

教师2：课堂管理最主要的目标应该让全班学生都能认真地听讲，减少学生的违纪行为。

教师3：课堂管理就是要维持课堂纪律，使课堂教学活动能正常开展。

教师4：课堂管理就是要让学生在一个良好的环境中能够积极学习，完成学习任务。

通过调查问卷也反映出教师对课堂管理上的认识，有25.1%的教师认为严抓课堂纪律才能不影响课堂教学活动；36.2%的教师认为创设和谐的课堂环境才能激发学生积极主动地进行学习。由此可见，大部分教师对课堂管理的认识不够清楚，缺少理性，把课堂管理简单地看成抓课堂纪律、管束学生问题行为，这样就能使课堂教学活动正常开展，构建和谐的课堂环境。

事实上，与其说这是教师对课堂管理目标的一种理解，毋宁说这是教师对课堂管理功能的一种认识，并且是一种较为偏失的认识。课堂管理没有一个清晰的目标，课堂管理就难以有一个明确的方向，对课堂管理功能、特征等的认识就难免有所偏失。而具体到课堂管理实践，就易造成以下几方面的问题。第一，以纪律为中心的课堂管理。如果教师在课堂管理中对课堂管理认识片面，缺少理性和科学的认知，就很难从整体上来正确认识课堂管理的目标和功能。纪律成为教师课堂管理的中心任务，从而看不到课堂管理在优化课堂系统（师生、课堂方案以及课堂环境）的重要地位，意识不到课堂管理在促进学生身心健康发展中的重要价值。第二，教师认为课堂教学与课堂管理各不相干，可以各行其道。这是由于教师对课堂管理认识上的缺失而形成了主观认识的偏颇。第三，处理课堂问题行为的方式简单、缺乏一定的民主。

（3）对课堂环境的认识缺乏全面性、整体性

教师较为重视课堂心理环境（学习气氛、班风）的建设，他们通过建立学生兴趣小组、采用分组教学等方法促进学生间良性的竞争与合作。大多数教师认为，建立良好的师生关系对于构建和谐的课堂心理环境具有非常重要的作用。从调查与访谈的结果可以看出，教师与学生在看待师生关系的问题上存在着一定的差异，但总体而言，关系较为和谐，其中的问题主要表现在教师与学生的沟通频度和教师对学生的关注深度上还不够，这也必将有碍于课堂环境的建设。而在谈及课堂物理环境层面时，教师们缺少一定的认识。许多教师并不知道多大的噪音会对学生产生不利影响？教室应该保持多少的温度？墙壁颜色应刷成何种颜色等。教师们已经认识到教室布局及座位安排的重要性，但付诸行动、

积极改变的却很少。

究其根源，主要的原因有以下几个。

第一，课堂活动以教师为中心。以教师为中心的价值取向，在传统课堂教学和课堂管理中普遍存在。教师是课堂的中心，是课堂教学活动的主导者和管理者，而学生的学习行为都要围绕教师来开展。课堂管理的目的不是为学生的发展服务，而是为教师进行课堂教学活动服务的。这就导致在课堂上教师以自我为中心，而较少考虑到学生的状态。通常情况下，教师在课堂上活动的范围横向是以讲台为中心，纵向多数只到达教室的一半，而教室后半部分的学生教师几乎关注不到。而课堂提问与互动时，教师提问的范围大体上也是班级前三排的范围。通过观察发现，这个区域内的学生一般学习成绩都很好，能够配合教师的课堂教学活动，在这个区域之外的学生和教师的沟通不多。长期如此，就会造成不良的后果。

教师是人类灵魂的工程师，教师的任务不但包括知识的传递，更要陶冶心灵塑造灵魂。那么把教师称为"工程师"，则是把教师培养学生看成是工厂生产产品。教师按照计划好的设计来规划学生的发展，而学生如同产品一样，需要按照教师的设计来进行生产；而学生完全不能偏离教师既定的设计，否则就会被认为是不合格产品。事实上，教育是一项鲜活的使命，是生命与生命之间的对话，而不是机械化生产的产品。学生通过与教师与同学的互动活动发展人际交往能力，他们是一个个生命，不是标准一致的产品。学生是具有思想的，是需要不断被激励被肯定的。[1]

----

① 陈向明：《教师的作用是什么？——对教师隐喻的分析》，《教育研究与实验》，2001 年第 1 期。

教师如果认为可以把学生按照自己的意愿去改造，把教育学生看成是生产合格产品，那么课堂便成了教师的专治领域，学生就不会得到尊重和理解，学生的个性和身心的健康都会受到压抑和蔑视。

第二，课堂沟通内容与形式上的单一。课堂上的教学任务主要是通过教师和学生之间的沟通和互动来完成的。而师生间沟通的好与坏直接影响着师生关系，而师生关系又是影响课堂环境构建的极为重要的因素。教师与学生间沟通不佳的症结在于教师与学生在沟通内容和沟通形式上的单一。在沟通内容上，师生之间以及生生之间的沟通，主要是为了了解学生学习的状态和群体关系。总而言之，师生沟通的内容往往局限于学生在课堂、学习方面，对于学习之外能够产生影响的因素重视不够。而且，从师生沟通的形式上来看，教师面向整个班级、面向全体同学的个体对全体的沟通方式仍占据主导地位。也有些班级的教师采取了个体对个体的沟通方式，即教师个体对学生个体。当然要求教师对每个学生个体进行有频度有深度的交流与沟通也是不切合实际的。在实际中，教师要对学生之间的沟通和交流给予重视，并通过完善课堂组织结构促进学生个体之间的交流和沟通。

第三，对课堂物理环境知识的缺乏。许多教师并不知道多大的噪音对学生产生不利影响？教室应该保持多少温度？墙壁颜色应粉刷为何种颜色？而课堂物理环境的相关知识能帮助教师很好地解决诸如上述的问题，课堂上的物理环境，包括温度、湿度、光线强度、桌椅高度等都要进行科学合理的设计，符合人的生理、心理的参数。当然，完全按照科学的参数来设计课堂物理环境是不太可能的，这需要考虑到地方的经济发展、学校的财政收支。但是，正确认识课堂物理环境对课堂管理的重要作用，对课堂管理的有效开展是十分必要的。在课堂管理实践中，课堂物理环境对学生的学习和活动会产生很大的影响，不良的课堂物理环境，比如密集的桌椅、狭小的活动空间、紧闭的门窗、浑浊的空气等，这些物理环境非常不利于学生进行学习活动，而且对学生的身心成长都会造成不良影响。

（4）课堂管理制度富于弹性，但缺乏一定的民主性

通过调查发现，学校里课堂管理制度绝大多数都是由学校有关部门制订的，并且沿用了很多年，教师和学生很少有人修改。近些年来，学校鼓励教师以学校制订的规章制度为蓝本，制订出更具有弹性和可操作性的课堂管理制度。从调查的学校来看，有些教师为了更好地管理好自己的课堂，从自身课堂的实践出发制订出各自的班级公约等形式的课堂管理制度。

结合当前教师制订课堂管理制度的实际，笔者发现教师制订班级公约等课堂管理制度有逐步细化和量化的趋势（见附录四）。这种趋势一方面反映教师开始意识到课堂管理制度在课堂管理的重要作用，另一方面也反映教师在制订课堂管理制度方面的主体性和创造性。然而与教师进一步交谈，发现教师在制订如课堂管理时，对学生的意见不够重视。教师认为制订具有权威性和强制性，让学生参与课堂管理制度的制订会影响其实施的有效性。其实不然，让学生参与制度的制订，不仅不会减损制度的效度，反而能促进学生更好地理解、增强他们在维护制度权威上的责任感。

同时，在制订课堂管理时体现民主性还远远不够，更重要的是在实施过程中也要体现民主性。当前中学课堂管理课堂中出现的"制度形式化以及'谈度色变'"等现象，往往与教师执行课堂管理制订的力度不足和执行方法不佳息息相关。因而

保证课堂管理制度执行的一贯性、公正性就显得尤为必要。除此之外，执行应注意方法的科学性，避免因方法不当破坏师生的情感、损害学生的身心健康。任何一种制度都不可能是完善的，都需要在实践中不断进行修正。因此，课堂管理制度在具体的实施过程中也会出现各种各样的状况，这些状况既可能与制度本身有关，也可能与课堂教学活动、课堂物理环境和心理环境等有关。要解决这些问题，就需要对课堂管理制度进行必要的修改和补偿。

（5）教师的自我效能感整体不强

从调查和访谈的结果来看，不少教师对自己是否有能力解决课堂中的诸多问题缺乏一定的信心，而超过一半的学生对自己的学习能力缺乏足够的信心。通过走访和调查发现，造成教师自我效能感不强的原因是学校管理体制老化和不公平教学竞争。很多教师抱怨学校过于看重班级学生成绩的排名，并把这种排名的结果与教师的利益直接挂钩，导致出现不良的竞争氛围。而且，学校对教师提出了太多的要求。同时，教师自身的业务能力和专业素质也影响着自我效能感。此外，学生的自我效能感和学生的活动紧密关联。学生对自己学习结果的判断和评价、学习方法的使用、学习效果的好坏都对学生的自我效能感产生作用。而这些不准确的归因和不合适的学习策略的运用都会对学生造成很大的影响，包括自信心的树立。

2. 学生课堂问题行为分析

课堂问题行为就是指在课堂活动中，教师和学生在课堂上所出现的违反课堂秩序、教学进度、影响正常活动开展的行为。这些行为一方面干扰了教学活动的正常进行，违反了课堂纪律，对教学效果和教学质量造成不良影响；另一方面，问题行为对学生的身体和心理影响较大，不利于学生的成长。

3. 学生课堂问题行为的表现

通过研究发现，某个学生的问题行为不仅影响了自己的课堂学习，而且也干扰了课堂上同学的正常学习。一般情况下，一个学生的问题行为很快就会引起相近的同学也出现问题行为，而且也可能把这种影响扩大化，导致很多学生问题行为的出现，甚至会影响到整个班级出现干扰正常教学活动的情况。这种现象在课堂教学中会经常发生，这也是教师课堂教学的烦恼之一。所以，对课堂问题行为进行预防和干预，是课堂管理的重点任务。本书在研究中通过问卷调查多学生的问题行为进行了探究。问卷中根据学生的具体情况分别设置了年级、性别和区域，而对课堂问题行为则分为经常出现的问题行为、成因、解决的策略、师生互动效果以及教师的问题行为等进行了调查，结果如下。

第一，课堂问题行为具有普遍性。

国外的研究发现，超过一半的孩子具有问题行为。国内一些调查表明，有问题行为的高中学生超过 50％，而初中学生中有问题行为的学生则占到了 70％。[①]

由此可见，课堂中的问题行为具有普遍性，是经常发生的。我国专家在对学生课堂问题行为进行了问卷调查后发现，课堂上学生的问题行为带有极大的普遍性。通过调查问卷，反映出不同年级、不同性别和不同地域中的学生都承认自己有过部分问题行

① 杨心德：《中学课堂教学管理心理》，杭州：浙江大学出版社，1993年，第 108 页。

为，甚至有的学生的问题行为超过 10 种。而教师在问卷中也都选择了选项中学生的问题行为，有些也多达 10 种。[①]

表 4.1　课堂问题问卷调查统计表

	小声说话、搞小动作	听课精神分散、有心事	偷看课外书	害怕、担心教师的提问	偷吃	不愿意学习	考试打小抄
学生 n=441	70.1%	56%	46.3%	43.5%	33.9%	29.9%	25.8%
教师 n=281	75.2%	32.3%	30.9%	31.9%	19.6%	41.1%	19.9%

	喜欢猜疑	胡思乱想	课上睡觉	离座	跟着喧哗	没有原因不上课	语言争吵
学生 n=441	22.4%	20%	14.1%	13.2%	12.9%	11.1%	6.8%
教师 n=281	5%	14.5%	8.5%	6.7%	7.8%	15.2%	6%

通过表 4.1 可以发现，教师和学生对于课堂上的问题行为在很多方面是相同的，特别是前 7 个方面，学生和教师选择的比例较大，说明课堂上的问题行为带有普遍性。

第二，课堂问题行为大多是轻度的。英国对在学校中具有代表性的一些问题行为进行了调查和统计，发现课堂上发生的问题行为程度都比较轻，基本上都属于能够不影响课堂秩序的层面。如表 4.2 所示。[②]

[①]　雷爱华：《论课堂问题行为》，硕士学位论文，广西师范大学，2001 年，第 8 页。

[②]　F. 戴维著，李彦译：《课堂管理技巧》，上海：华东师范大学出版社，2002 年，第 6 页。

表 4.2　学生课堂行为统计表

学生表现类型	课上频率	
	至少每天出现（％）	至少每周出现（％）
随意开腔	97	53
懒散或无所事事	87	25
骚乱其他同学	86	26
迟到	82	17
上课发出声音	77	25
破坏校纪	68	17
擅离座位	62	14
说脏话，侮辱同学	62	10
粗暴喧哗	61	10
鲁莽无礼	58	10
武力侵犯其他同学	42	6
讲粗话侮辱教师	15	1
破坏公物	14	1
袭击教师	1.7	0

库宁（Kouin. J）通过研究发现，课堂上的问题行为中，超过一半的是"上课说话、喧哗"；有 26％ 的是"不完成作业"和"不能按时上课"以及"上课随意离座"；还有 17％ 是"上课看课外书籍"等。只是轻度的违规行为，严重违规行为只是很少一部分。[①] 国内通过对中学生课堂问题行为的调查也发现，轻度问题行为占了绝大部分，超过 80％，重度的违规行为只稍高于

————————

① 李维：《课堂教学技能》，贵州：贵州人民出版社，1988 年，第 229 页。

10%，而十分严重的只有 2%。① 可以看出，学生在课堂上出现违规行为具有普遍性，而且与学生的年龄有关。同时，研究还表明，学生时期具有严重问题行为的学生，绝大部分都成长为正常的健康的成年人，有 20% 的人还取得了突出的成绩。②

所以，不要歧视有问题行为的学生，更不要对这些学生的未来给予片面的预判，尤其是不能根据学生时期的问题行为而预言他们的成年期。总之，课堂上学生的问题行为以轻度为主，并且持续时间不长，且行为容易发生变化。

第三，课堂问题行为具有差别性。这些差别性主要体现在因为性别、年龄、家庭、能力发展水平等方面的差异而形成了行为上的差异。教师在遇到课堂问题行为时，要充分考虑这些原因，再选择合适的方式进行恰当的处理。比如，由于年龄上的差别，学生问题行为的类型有很大差别：11 岁以下的儿童过失性行为近 80%，品德不良行为大于 10%，攻击性行为仅为 3.2%；而 12 岁以上的儿童，过失性行为近 30%，品德不良行为近 40%，攻击性行为近 30%；15 岁以上的青年，过失性行为仅 10%，品德不良行为却超过 60%，攻击性行为不到 10%。③

4. 学生课堂问题行为的成因

大部分教师觉得课堂上学生的违规行为是学生自己的问题。

---

① 胡淑珍：《教学技能》，湖南师范大学出版社，1996 年，第 169—170 页。

② ［美］林格伦著，章志光等译：《课堂教育心理学》，云南：云南人民出版社，1983 年，第 196 页。

③ 吴宗宪：《青少年不良行为的矫治与防范》，北京：华夏出版社，1994 年，第 17 页。

可是，影响学生出现问题行为的因素有很多，而且经常是多种因素共同作用的。

（1）从心理学的角度来分析。首先，学生作为个体存在，其自身的某种需要未能得到实现。学生自身需要在课堂上主要分为两种，即要求被关注、被教师和同学认可，特别是那些学习成绩不是很好的学生，在学习过程中这些需求无法得到满足，于是便采取问题行为来引起教师和同学的注意，寻求自己在集体中的认同感。其次，规避不好的事情或者活动，学生在课堂上，遇到一些困难或挫折时，有时候会为了规避尴尬和难堪而出现问题行为，进而达到逃避的目的。

（2）从教育学的角度来分析。首先，课程原因。学生认为课程内容枯燥、没兴趣，或是觉得课程"无用"（部分学生觉得课程对考试作用不大，就不愿意学习课程内容）；或学校将同一老师的课进行了连续的安排，造成学生的疲劳、学习兴趣下降；有的学校只安排文化课程，却没有活动课程，这也容易引发学生问题行为。其次，教学水平差。有些教师缺少创新意识，理念陈旧，仍采用传统的方法进行教学，课堂乏味沉闷；有些教师表达能力弱，课堂缺少激情；有的教师课堂环节把握不准，教学内容在课上讲不完等。这些教学上的欠缺，严重影响了学生的学习状态，容易使其产生问题行为。最后，教学过程不顺畅。有研究表明，当教师对教学进度把握不当，或者从一个教学活动过渡到另一个活动时过渡能力差，或者教课时显得吃力、反应迟钝，长时间停留在一个问题上，这个时候学生就会出现问题行为。

（3）从管理学的角度来分析。首先，课堂管理方式不恰当。教师在课堂上对问题行为的处罚方式不恰当，对待学生的态度不公正，都会使学生产生抵触心理，从而导致问题行为的产生。其次，任务中心偏失。有些教师只重视知识传授，重视学生的考试成绩，而对学生的人际相处方式重视不足。最后，课堂教学中以管理为主。教师在课堂上，采取强硬的单一的管理方式，而不是进行耐心、细心的引导，错误地将课堂管理手段看成了管理的最终目标。

（4）从环境学的角度来分析，课堂上学生的问题行为与课堂环境关系较大。第一，社会环境。学生在生活中如果经常看到一些暴力倾向的影视作品，那么在课堂上也会表现出明显的攻击行为。第二，家庭环境。学生的成长离不开家庭。家庭中的人员、家庭氛围、父母对待孩子的方式等，都对学生产生巨大的影响，而且家庭的惩罚方式和少年犯罪有直接的关系。第三，课堂环境。学生所在教室的学生数量、光线的亮度、墙壁的颜色、声音的大小、卫生条件的好坏，都会对学生在课堂上的表现造成影响，也能诱发学生产生问题行为。此外，课堂座位的安排也影响着学生问题行为出现的概率。有调查表明，学生座位以秧田式进行编排的，比圆桌式编排时出现问题的概率超出一倍；在坏习惯产生方面，圆桌式编排的学生坏习惯产生的几率超出秧田式两倍。

（5）从社会学的角度分析，课堂就是一个缩小版的社会系统。而社会体系具有以下三个特性：第一，由两个及两个以上的人群发生相互作用；第二，一个行动者和其他行动中都处于一个"社会情境"之内；第三，行动者具有某种相互依赖的行为，这是因为行动者有相同的目标和价值观或者共同的规范等。[①] 课堂

---

① 吴立德：《班级社会学概论》，四川：四川大学出版社，1996年，第3页。

也是一个社会，只不过是缩小版的。课堂这个社会中，师生之间、生生之间的人际交往构成了课堂上的人际关系。这些对教师和学生直接产生影响。课堂上教师和学生良好人际关系的建立要有四个基础，即教师对学生有行为上的预期希望、学生对教师行为的判断、教师对教师的预期希望、学生对学生的判断。如果教师和学生的课堂行为都达到了各自或者双边预期的希望时，教师和学生之间的关系将会极为良好，而这一良好的人际关系正是维持课堂秩序的基础，有利于教师开展教学活动和学生学习有效进行。可是，当课堂问题行为发生时，师生双方的预期希望值就会无法得到满足，师生之间容易产生矛盾和冲突，这时的课堂秩序将被打乱，教师无法开展正常的教学活动。尤其是新教师，课堂管理经验不足，担心课堂上学生出现问题行为，出现问题行为又不知道该采取哪种合适的方法进行正确的处理，结果使教学活动不能正常开展，教学目标无法实现。总之，课堂上问题行为的出现是导致师生之间出现课堂冲突的最主要的因素。

第 5 章

课堂管理策略研究

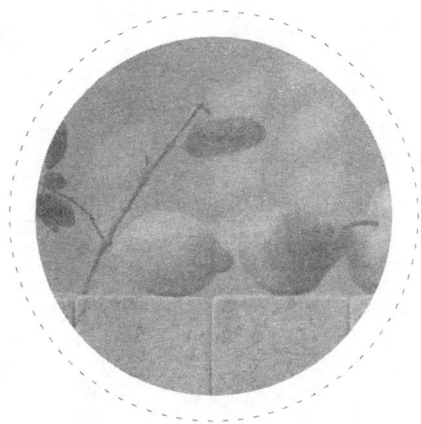

一、有效课堂管理的策略研究

根据在调查中所发现的问题及成因，我们认为，要有效进行课堂管理，需要在以下几个方面进行策略的构建和实施。

1. 加强课堂安全管理理论的学习

安全管理理论的诞生，使安全管理科学得到了广泛的关注，安全管理模型层出不穷，主要有序贯模型、事故＋事件原因模型、流行病学模型、萨里模型和系统模型等。本书对这几种模型理论进行了研究，并分析了所发生的几例课堂安全事故，从而提高教师对课堂管理安全的认识。

（1）序贯模型

20世纪30年代，美国的海因里希提出了"序贯模型"这一理论。[①] 序贯模型理论把诱发事故发生的诸多因素比作一个个排列好的多米诺骨牌，一个挨着一个，一个依赖着一个。如果一个骨牌倒下，那么就会使所有的骨牌一个接一个倒下去，最后所有的都倒下去了。在序贯模型中被比作多米诺骨牌的就是整体环

---

① Heinrich. H. W. Industrial accident prevention ［M］. 4th ed. New-York：McGraw-Hill，1959.

境、人为失误、不安全的行为、不安全的基础设备、劳动环境、事故工伤等。这一理论还阐述了事故预防的方法和最后的结果：在对事故发生之前就把能够引发事故的因素进行处理，消除不安全因素，进而切断事故序列。[①]

如在事故一中，陆某不小心被卓某的一次性针头刺中下嘴唇，而导致嘴唇穿透、流血不止。这一事故的原因无疑离不开卓某的不安全行为——持针头玩耍，然而体育教师在看到这一情景没能及时阻止也难辞其咎；而从社会层面来看，医务工作者在注射完之后没能及时销毁一次性针头，使针头落入学生的手中，也是失职。所以说，造成陆某伤害事故的因素是多方面的，具有序贯性的。因此，为了保证学生的安全，就要切断有可能带给学生伤害的每个因素，做到预防为主。

（2）事故＋事件原因模型（Accident-Incident Causation Model）

彼得森（Peterse D）等安全管理专家在序贯模型的基础上对造成事故的原因进行了深入的探究，在此基础上提出了事故＋事件原因模型理论。[②] 事故＋事件原因理论指出，事故发生的原因不单单是"序贯模型"认为的唯一原因，而是很多原因才导致了事故的发生，这里最主要的因素是人为的失误或者系统的错误。人为原因是指人在过度疲劳或其他原因形成了决策的错误。过度疲劳是在一定状况下，人所承受的与自己的能力不相符。[③] 这种不匹配主要是负荷类、状态和能力三个方面中的众多因素失去平衡。负荷类是指工作信息环境和工作危机状态等，状态是指动

---

① Heinrich HW. Industrial accident prevention ［M］. 5thed. New-York：McGraw-Hill，1980.

② Petersen D. Safety by objectives ［M］. Aloray：RiverVale，1978.

③ 同②。

机、态度、激励和生物节律等四个方面，能力是指工作人员的身体情况、心理状况、工作环境和知识技能等。陷阱的产生主要源于两个方面因素：个体能力和心理等产生的工作状态预期希望值；个人的能力、期望和矛盾冲突导致的控制失衡。错误决策重点表现为以下几个方面：第一，同事之间的压力、上级的要求、个体期望等个人情境下所形成的自认为正确的决策；第二，意识倾向和心理原因所造成的下意识的错误期望；第三，对事故发生几率的预测较低。而这些因素之中，自认为正确的决策是错误决定产生的最关键的因素，它常常使员工有意识或无意识地做出错误的判断和决定。系统错误主要是指方针政策、标准要求、职责界定等，而这些究其根源也都来自人为的失误。例如事故二中，体育教师在体育课上把板凳设为障碍跑的障碍，同时要求学生进行两次往返跑。教师对教学内容安排和教学器材的使用上都在初中一年级学生的承受范围之外，才导致学生因体力不支而磕伤。此外，以板凳代替障碍物有潜在的危险，而体育教师之所以这样做正是基于错误（即在主观上存在一种轻信学生能够避免）的观念，从而采取了所谓的"合理的决策"，导致学生受伤。

（3）系统模型（Systems model）

随着众多专家对系统安全的重视与研究，在系统理论的基础上又发现了新的因果关系原理，即系统模型。系统模型理论充分认识到作业人员、使用工具和环境的紧密联系。因此，鲍勃·菲尔恩兹（Bob Firenze）建立了菲尔恩兹系统模型。[①] 这一模型把进行工作的人员，无论是机械师还是铸造人员或是化学家都是

---

① （The Firenze systems model）Firenze B. Labor Safety System Research [J]. Ssfety Sci-ence Journal，2001，45（2）：31—37.

人——系统中的一个组成部分。这一系统网络包括机器、使用机器的从业人员和使用环境三个方面。而实际操作的最终结果如何是由这三方面的因素所决定的，体现了人—机的可靠性和环境的有利性。操作人员的决策出现错误或者机器发生故障都会引发事故。在这一系统中环境占有非常重要的位置，不良的环境就会影响到作业人员的思想和决策，同时也会影响到机器设备的正常运转。系统模型提出要为操作人员提供大量的正确的详细信息，增强操作人员的学习意识，提升决策的准确率，减少失误的发生；要为机器设备的正常运转提供优良的环境，提高设备运转的安全系数，减少事故的产生。也要充分认识到，在一定条件下，即便获得了正确的决策信息，也不能确保不发生事故。因为决策人员在心理和生理的压力下，有可能会对信息产生误判，进而出现错误的决策，带来事故发生的风险。在中学实验课堂的管理中，人—机系统的可靠性和环境的有利性的作业更加显著。

总之，无论哪一种模型理论都是对现实中发生的安全活动特征的一种抽象描述，它们的共同点是都对发生的事故过程和引发事故的原因进行了分析。序贯模型重点对引发安全事故的原因和内在机理进行了分析和阐述，但是对于事故发生原因的复杂性却简单地归为一些指标，没有更深入的探究；事故＋事件原因模型重点分析了事故发生的原因中人为错误和系统错误的重要性，探讨了人类心理因素和环境因素对事故发生的影响，同时对引发事故的多种原因做了进一步的分析，比序贯模型有了一定的进步；而菲尔恩兹系统模型则着重研究了事故发生的系统原因，同时提出了对事故进行有效预防和控制的具体实施策略。

2. 课堂管理事故的预防策略

通过对课堂伤害事故产生的原因分析，发现无论是人为失误或者是具体事故的出现都与四种因素关系密切，即人、设备、环境和管理。人为的失误能够导致事故的发生，不良的环境也会导致事故的发生。在研究时，必须要从这四个主要因素入手，探索出具体可行的方法。

（1）人的因素方面的对策

这里所说的人的因素，不仅指师生的因素，同时还包括与师生工作、学习有关的其他人的因素。人际关系对于开展工作、进行学习都具有非常重要的影响，师生之间人际关系不和谐，教师在教学活动中所发生的命令、指示或是互动都难以得到学生的执行。首先，要创造一种和睦、严肃的课堂安全气氛。不放过任何违反课堂规则和操作错误之类的事。互相监督，在课堂不能使用危险用具和危险品，杜绝不安全行为的发生；在进行实验操作之前，要对学生逐个进行讲解，发现学生错误的操作要立即纠正，杜绝错误操作的出现。其次，重视危险物的处理。对学生进行安全教育，使师生意识到危险物发生事故的严重后果，并在行动上慎重，要注意遵守安全操作规程，规范实践。最后，具有危险防范的意识和能力。对危险行为的产生要具有预判能力，加强安全教育，提高对安全重要性的认识，可以把案例介绍给师生，让师生清楚知道自己的行为中有哪些不安全的操作，这样操作的后果是什么，怎样提前发现异常情况或隐藏的危险行为，或掌握一些消除安全隐患的具体办法，等等。

（2）课堂设备方面的对策

中学课堂设备主要指课堂上使用的教学设施和装备，体育课堂上的体育器械以及实验课堂上出现的实验用品和实验器械等。课堂设备在设计上要体现"以人为本"，要从学生的年龄特征和身体特征等方面进行科学设计，使用中做到安全可靠。教育教学过程中，要合理安排课堂设施和装备，并对有缺陷的设备、工具及时修理或更换，消除可能发生课堂伤害事故的隐患。

（3）环境与媒介方面的对策

从人的因素出发，改善课堂作业环境。课堂应根据学生的特点创造适宜的作业条件，譬如课堂空间的大小应考虑到学生的年龄特点和活动特性，课堂教学时间和休息时间的合理化分配，宜人的色彩、光照以及积极的课堂气氛等。对有危险隐患的场所应及时配置危险牌示和识别标志，引起学生对安全的有意识注意。

（4）管理方面的对策

教师要重视对学生进行安全教育，要加强对学生课内外活动的组织和引导，提高学生的安全意识。而学校则应对教师进行安全管理上的在职培训，提高教师的安全管理能力。

二、课堂管理目标科学化策略

课堂管理目标影响着课堂管理效果的好与坏，决定着课堂管理工作的进度和效果，并影响着学生在课堂上的学习质量。课堂管理目标的确定在课堂管理工作中具有关键性的作用。因此，在确定课堂管理目标时，要以学生为中心，一切为了促进学生发展。在确定课堂管理目标时要充分考虑到学生的发展和进步，要让学生积极主动地参与课堂管理，这样有利于学生树立主人翁意识，提高学生的目标意识，让学生在明确目标后能为实现目标而努力参与课堂管理。本书中课堂管理目标科学化策略重点从三个方面来进行探究：课堂管理目标的科学内涵、课堂管理目标制订的原则、课堂管理的实践目标。

1. 课堂管理目标的科学内涵

人类的行为具有明确的目标性。课堂管理的目标影响着教师在教学中的价值取向，也影响着教师课堂管理行为的方向。由于每个人对课堂管理目标的认识是不一样的，所以每个人的答案也是各不相同的。在对众多的基层教师进行调查后发现，绝大部分教师把课堂管理的目标确定为管理和规范学生的问题行为、维护好课堂纪律、确保课堂教学活动正常开展。这种课堂管理目标观受传统的权威性课堂管理理念的影响，只关注到了课堂管理的规范性目标层面，而没有考虑到课堂管理的动态性和生成性。国内专家学者对课堂管理目标的含义比较统一，课堂管理目标就是对课堂中开展的所有活动的组织和实践成果的预期，也是课堂管理的价值取向和行为结果。① 既然课堂管理目标是一种对预设的课堂活动的期望，是一种可能性的预期，这就决定了课堂管理的目标仅是一种可能，而不是最终的现实。因而，课堂管理目标的内容不是抽象单一的，而应该有具体的规定：从实践层面来说，课堂管理的目标可分为远期目标、中期目标和近期目标；而针对学生开展的课堂管理目标就可以确定为高、中、低三个层次目标。此外，课堂管理目标的实现也并非是一劳永逸的，它需要师生在课堂活动中共同努力，通过积极的课堂活动和各种技能技巧的运

① 张金福等编著.《新课程与课堂管理》，青岛：中国海洋大学出版，2004 年，第 50 页。

用才能最终实现。同时，课堂管理目标大体可以分成两类，一类是规范性目标，一类是促进性目标。规范性目标的关注点是学生的违规行为，对学生进行负向的评估。因此，所选用的管理策略和办法都具有强制性和专断性，表现为对学生行为的管理和控制。促进性目标就是关注学生的正向发展情况，对学生的课堂行为给予肯定和鼓励，因此所选用的策略和办法多是以鼓励为主，目的是调动学生的自我管理和控制能力。[①]

笔者认为，课堂管理是为学生的发展服务的，能够促进学生多方面能力与品质的全面发展和进步。学生的发展程度又取决于教学目标的实施。从表面上理解课堂管理目标就是在课堂上使教师的教和学生的学，以及相关的活动能够顺利正常地进行。可是，深层意义上的课堂管理目标，是通过课堂管理使学生在各个方面都得到发展和促进，实现教育的最终目的。总之，课堂教学目标决定着课堂管理目标，课堂管理目标为课堂教学服务。

教育研究中重点研究的内容就是教育目标。每个社会、每个国家、每位专家对教育目标的理解是各不相同的，所以对于目标的阐述也各不相同。但是"让人成为完整的人，让其在智力、体力、心理等各个方面都更加完整"[②] 这样的教育目标无论是东西方的不同国家，还是古往今来的每个阶段都是被大家极为同意和赞成的。实际上，这也是教育目标研究的最终目的。社会的进步，对于教育目标的认识和理解又有所不同。当代社会，教育的

---

① 陈时见：《课堂管理论》，桂林：广西师范大学出版社，2002 年，第 158 页。

② 联合国教科文组织国际教育发展委员会，华东师范大学比较教育研究所译：《学会生存—教育世界的今天和明天》，北京：教育科学出版社版，1996 年，第 195 页。

目标即培养什么样的人又有了新的内涵，可以概括为：愿意和主动接触新的一切事物，能够很快理解新的理念和观念，并具有一定的分析问题和处理问题的能力；有社会责任感和较强的自我效能感，并能够将两者有机结合，能够独立生存、独立工作，能独自接受信息，并具有一定的判断和选择的能力；能够经常与各种传媒有所接触，了解大量信息，并分析其来源，而不是从传统而固定的渠道去了解信息；对一切未知的事物产生兴趣，能正确判断未来。[1] 国外学校的培养目标可以进行学习：①使学生具有博大的胸襟和富有创造性的思维，培养学生良好的品德并使其德育和智育以及体质等方面得到协调的发展，培养在艺术、科学等方面的创造力；②培养自主、自律精神，在完善个体人格的培养过程中，要具有自我的判断和思考的能力，能够严格要求自己，积极向上，做好应该做的事情，并能够积极主动地帮助别人；③具有国际意识，善于接受各国文化和历史，具备优秀的人际交往能力。[2] 教育的这一特定的理想和目标，不但重视学习知识，重视掌握研究和表达想法的工具的重要意义，而且关注了人类的情感、审美和身体健康等方面的重要作用。课堂管理的终极目标是实现教育目标。开展课堂管理，能够让学生的行为在课堂活动中发生改变，而这些变化会来自许多个层面，既包括教师的教也包括学生的学，还包括师生之间的人际关系等。总之，令学生获得进步和发展的重要手段就是良好的课堂管理。

---

[1]　徐继存：《教学论导论》，兰州：甘肃教育出版社，2001 年，第89—90 页。

[2]　徐继存：《教学论导论》，兰州：甘肃教育出版社，2001 年，第90 页。

2．确定课堂管理目标的原则

（1）目标的统一性和实效性原则

目标是课堂上教师和学生行为所要达到的最终的质量和标准的体现。课堂管理目标的系统性体现在要以系统的观点来对待目标，同时要注意课堂管理目标和与之相关其他目标之间的连续性和统一性。第一，课堂管理目标要在国家和社会发展总目标的要求下来制订，并与国家和社会目标保持统一。也就是课堂管理目标要和国家的教育方针保持一致，要体现当代社会发展的要求。第二，课堂管理目标要和学校的目标保持统一性，要正确认识班级工作和学校管理之间的关系，班级是学校的基本组成部分，同时也是学校开展具体工作的基础。第三，课堂管理目标与课堂教学目标相统一。课堂管理是课堂教学的保障，课堂管理目标是为课堂教学服务的。因此，课堂管理目标要在加强教师和学生之间的交流、提升学生的自控力和创设和谐课堂环境的同时，更加注重促进学生的全面发展。这种促进不能仅体现在某一个方面，而是全面的。而且，课堂管理目标得到实现，也有利于课堂教学目标的实现。因此，课堂管理行为目标从抽象变为具象，教育方针、学校办学方向、课堂教学目标、课堂管理目标出同样如此。所以，课堂管理行为目标和其他目标相互影响，也是其他目标实现的基础。可是，也不能忽略课堂管理行为目标的特别性质，在课堂管理工作中要具有创新性和灵活性。

课堂管理目标的统一性同时也具有实效性。实效性就是从课堂上师生实际发生的情况出发，实现课堂管理目标的原则和态度。实效性有利于课堂管理工作的开展，更适合班级的实际情况，具有针对性。它既包括隶属于原则性的基本要求，也含有对课堂工作的具体实施情况的实践规则。所以，在进行课堂管理时，教师要从两方面着手：其一，要深刻领会国家教育工作和培养学生的目标，了解学校教育工作的法规和手段，遵守社会道德规范的要求开展课堂管理工作；其二，要熟悉掌握班级的基本信息，了解学生的特点和学习状态，从而使课堂管理更具实效性。

（2）目标的全面性和突出重点原则

课堂管理目标的全面性体现在具体目标中要包含课堂工作的所有方面。重点体现在：第一，教育内容要全面，要能够使学生获得全方面的发展；第二，课堂管理工作的项目要全面。要注意在课堂管理中，无论内容还是具体实施中的失误和偏颇都会造成课堂管理的片面性。

可是课堂管理行为目标的全面性，不等同于在课堂管理具体实施中事无巨细，没有重点内容。课堂管理中，总会有重点工作。突出重点就要在管理的内容上抓住关键点，化解重点矛盾；在管理背景上有主有次；在实践工作上，能够协调好多种关系，解决主要问题。

（3）目标的可行性原则

课堂管理目标是课堂上教师和学生通过努力能够实现的预期效果。课堂管理目标是具有可行性的。各个课堂管理行为目标是彼此关联的，而且呈现出螺旋递进的趋势。所以，在确定课堂管理行为目标时，在难易度上要充分考虑学生的具体情况，目标要让学生通过努力就能实现，而且要让目标具有层次性。目标的可行性就是要在课堂管理中学生通过一定的努力，"跳一跳就够得着"，但是如果学生不努力付出就不能实现目标，这体现了管理学中的"0.5 原则"。

（4）目标的明确性原则

制订的目标要有明确的要求，便于学生理解且能够做到，同时可以预想到最后的效果。目标明确，课堂管理工作就越容易实践，教师和学生努力的目的越清楚。目标的明确性原则就是要做到：目标要可以进行考核和评价；目标要具体避免笼统，目标要具体但不能琐碎。

3. 中学课堂管理的实践目标

中学课堂管理的实践目标包括远期目标、中期目标和近期目标。

（1）远期目标是为了让学生各个方面都能够得到发展

课堂管理常常是围绕教师来展开的，教师通过对学生行为的管控来维持课堂纪律，使课堂教学任务得以完成，让学生在课堂上能够学习到更多的文化知识。新时期的教育观提倡关注"人"的发展，促进了传统教育观的转变。新时期的教育观认为，课堂管理的目标不能只是维持课堂纪律和完成教学内容，而是要能够促进课堂教学质量和促进学生的全面发展，充分体现了课堂管理的促进功能。新一轮基础教育课程改革提出课堂管理要"以人为本"，要把促进学生健康、全面的发展作为管理的终极目标。树立学生为主体的理念，尊重学生的个性特征，使学生各个方面都得到促进和发展。

（2）中期目标是营造愉悦和谐的课堂教学气氛

课堂教学氛围是教师和学生在课堂上的精神体验、情绪状态、心理反应、学习状态等诸多因素在教学活动中所呈现出来的情绪环境。课堂管理中，教师要善于创设舒服而又适宜的课堂氛围，使学生安心、静心学习。学生的思想、思维、行为活动都受到课堂环境的影响。所以，创设愉悦、舒适的课堂氛围，让学生身体和心理都得到促进，有利于课堂管理顺利进行。

（3）近期目标是实现课堂教育教学的最优化课堂

课堂上教师的行为一个是教学，另一个是管理，这两个方面相互依赖又相互影响。教学是教师的重要任务，课堂教学是教师实现教育目标的重要手段，让学生在知识、能力、思想、技能等方面有所收获有所成长。课堂教学也是学校教育的主要方式。课堂管理是为课堂教学服务的，课堂管理的有效开展能够保障教师课堂教学任务的完成。课堂教学与课堂管理相辅相成，教学任务的完成是课堂管理的最高目标。在课堂教学中，教师应积极开展有效的课堂管理，使课堂上的各种因素都能为课堂教学服务，从而促进课堂教学质量的提高。远期目标、中期目标和近期目标在课堂管理中彼此关联、互相影响，使学生能够成长为社会需要的人才。新时期的课堂上，教师要充分开展有效的课堂管理，构建"以人为本"的新型课堂管理模式，提高教学质量。

三、营造健康的课堂环境策略

1. 课堂物理环境的构建

课堂是教师教学和学生学习的重要场所，也是教师和学生进行交流和互动的主要场所。课堂上的物理环境，包括教师墙壁的颜色、光线的强度、空间内的人数等，都对教师和学生的交流、互动产生重要的影响。其一，教师的物理环境会对教师和学生产生生理上的影响，带来不同的感受。其二，课堂环境会带给教师和学生不同的心理感受，形成不同的情绪、情感状态，会影响教师教学活动的开展，也会影响学生的学习行为，包括学习兴趣、课堂行为和智力影响，甚至会影响课堂整体的氛围。

（1）光线与照明

教室内光线的强弱和照明的范围，都会对课堂上学生的学习状态造成影响。自然光线和灯光照明条件下，学生的视觉会产生不同的反应。如果光线比较差就对学生的阅读造成影响，会使大脑皮层不能接收到强烈的刺激信号，进而无法进入活跃状态，学生就会呈现出疲惫、精力不集中等情况。如果光线过于强烈，并且频繁闪烁，就会使学生接受大量的刺激，引起心情烦躁、头晕、耳鸣等，影响学生的学习，甚至会影响学生的智力发育。所以，教室内的照明要符合学生的视觉习惯，光线不要太强或太弱，同时还要注意教室内不要出现反射的强光。国际上针对教室内照明和光线制订了具体的标准，例如美国将教室内自然光和人工光的课桌标准定为 300 勒克司，日本为 100 勒克司等。结合国内学校、学生的具体情况，分别制订自然光和人工光的照明标准如下：中学教室自然光课桌面照度为 60—100 勒克司，最佳照度为 180 勒克司，人工照明标准中白炽灯是 60—70 勒克司，荧光灯为 90—100 勒克司。此外，教室中光线的照明情况还要结合学生的具体学习活动进行调整，当学生进行阅读和写字时，教室内的光线亮度就需要强一些，而当学生进行讨论或者教师在进行讲授时，教室内的光线就可以稍微减弱一些。但目前，从我国的经济条件和教学的实际来看，还不能实现对教室内光线亮度的自由调节。

（2）教室内部的颜色

教室内的颜色对教师和学生具有非常明显的影响。专家研究发现，教室内部的颜色搭配协调、统一，学生在课堂上表现就会非常积极，长期发展后，他们的行为习惯、身体成长、心理状态都要高于教室内部颜色搭配较差的学生；而且学生在学习语言、绘画、音乐等方面也都表现为积极努力。凯其姆为研究教室内部颜色对学生的影响进行了专门的实验：首先设置了三个教室，a 教室没有刷任何颜色的油漆，b 教室墙壁刷了黄色的油漆、顶棚是白色，c 教室门是灰色、墙壁是黄色。此外，北面的教室是淡玫瑰色，南面的教室是蓝色和绿色。经过四个学期的观察发现，c 教室中学生的表现最为明显，在各个方面都有非常大的进步；b 教室中学生的表现低于 c 教室中的学生，但也有明显的进步；而 a 教室中的学生在各个方面进步都最小。[①] 由此可见，不同的颜色对于学生的身体和心理都会产生不同程度的影响。在学校中，要善于利用颜色自身的特性，促进教学和学习。例如，运用浅绿色和浅蓝色能够消除疲劳，使人心境平和，使学生精力集中更长的时间，提高学生的学习效率；而红色和黄色则会给人以强烈的刺激，使人兴奋，但容易使人产生焦虑。所以教室内的墙面和桌椅都不要选择红色或黄色，而要选择亮度低一些的颜色。此外还要注意，教室的顶棚最好选择白色，这样不但能够避免学生的注意力放在顶棚上，而且还能保证教室内照明的效果，避免光线的损失。

（3）噪音

噪音的危害极大，不仅能损害人的听力，而且还会影响到人的中枢神经、心脑血管和消化系统，同时对人的心理也会造成伤

---

① 　洛雷塔：A. 马兰德罗、拉里·巴克. 孟小平等译. 非语言交流，北京：语言学院出版社，1991 年，第 179 页。

害。噪音通过刺激人的中枢神经系统，使大脑皮层过于兴奋而失衡，让人记忆力减低，精力不能集中，甚至思维混乱，影响正常的生活和学习。通常情况下，班级人数越多，噪音就越大。人数的增加，噪音产生的概率就会增大；课堂上人数的增加，也会引起情绪上的不稳定，进而产生更多的噪音。同时，教学的组织形式也影响噪音的大小，传统封闭式的课堂噪音就比现代开放式课堂的噪音小。

噪音对学生的影响取决于学生对噪音的忍受程度，而学生忍受噪音的程度受多种因素影响。首先，教室内师生互动的状况。当课堂上师生进行互动活动时，学生对噪音的忍受程度就大；而当学生安静下来时，学生对噪音的忍受程度就小。其次，教学时采用的方法。当教室内学生分组活动时，学生小组内互动就会增强对噪音的忍受程度。最后，学生的个体区别。学生是一个个不同的个体，而每个个体对噪音的忍受程度也是各不相同的，通常情况下女生要强于男生。

（4）温度

温度也会对学生的学习行为造成一定的影响。有实验证明，当教室内的温度为 20—25℃时，学生的学习状态最佳，而每超过最佳温度一度，学生的学习能力就会下降 2%。如果教室的温度达到或超过 35℃时，学生就会出现精力不集中、反应迟钝、计算能力下降等症状，学生的暴力倾向也会相应增加。所以在高温情况下，教室不应安排一些可能会引起学生冲突的活动内容。

（5）教室的设计与布置

课堂的空间环境包括教室里的颜色搭配、光线强弱、温度高低和噪音大小等物理环境，同时也包括学生在课堂上所产生的学习行为等，这些因素在课堂上交互发生作用和影响，构成了课堂的空间环境。在对教室进行设计和布置时，教师要注意使各个要素的设计在达标的前提下，对教室或课堂进行合理规划与设计，使学生在一个舒适、和谐的环境中进行学习，减小学习的压力，提高学习的效率。

教室建成后就要对教室进行一定的布置，这是课堂管理中的一项重要内容。在布置教室时要遵循干净、整洁、美观的原则，在教室桌椅和物品的安排上要充分考虑使用上的便捷性，尽量为师生的课堂活动留有充分的活动空间。

当前在学校的课堂管理中，教师基本都是遵照课堂原有的布置和设计，没有加入自己的想法。这说明教师没有充分认识教室布置和学生行为之间的密切关系。教师要么是按照传统方式布置教室，要么是按照某种方式布置好后，再不进行调整。

（6）座位编排

座位的编排对学生在课堂上的学习、互动和行为等具有非常大的影响。座位的编排是课堂管理中的重要因素，并且与教室的整体布局关系密切。目前，常见的座位编排方式有秧田式、圆桌式、半圆桌式、椭圆式和马蹄式。每一种座位编排方式都有自己明显的优势，但同时也存在着一定的缺陷。例如我们最常见的秧田式，就是把座位排成横行、竖行，像在稻田里插秧一样。这种编排方式的优点非常明显，学生全部面向教师，有利于教师对全体学生的管理和控制，充分体现了教师在课堂教学和课堂管理中的主导地位，降低了学生之间的互相影响，减弱了问题行为出现的概率，使学生能够专心学习，提高学习效果，而且这种方式更有利于教师对教学内容的系统讲授。但是，秧田式的编排方式重点突出的是教师在课堂上的主导作用，容易形成专权型的课堂管理。而且面对这种编排方式，学生几乎处于被动和消极的状态，过度依赖老师，学生会呈现出对教师的教学和管理默默接受，出现师生关系较差，或者没有互动等问题。而圆桌式座位编排方式突出了学生在课堂上的主体地位，易于激发学生学习兴趣，令学生愿意主动参与学习活动。这种编排方式能够调动学生参与课堂管理的意识，有利于师生之间、生生之间开展学习互动活动和良好人际关系的形成。

座位的编排很大程度上取决于老师对学生的喜欢程度和对课堂管理的态度，但同时也与学生的能力和学习情况有关。目前学校座位的编排都由教师来进行，教师一般情况下会把班级中成绩比较好和自己比较喜欢的学生排在教室靠前且比较中间的位置，因为这一地带是亚当斯和拜德尔（Adams，R. & Biddle，B.）所说的"活跃地带"，[1]在这一范围内的学生与教师进行交流和互动的机会较多，教师也会更多关注他们。而且，教师会把班级中比较好动的和易出现违规行为的学生安排在教室的前排，这样更方便教师对他们进行管理和控制，减少问题行为的出现，降低对课堂管理的影响。此外，当学生可以自由选择教室中的座位时，学习成绩好的学生会选择教室前排和中间的座位；而学习成绩差的学生则多数会选择教室后排和边排的座位，以此来躲避教师给予的关注，或者是方便躲在角落做与上课学习无关的事情。通过研究发现，通常喜欢坐在教室前面位置的学生分为两种类型：一种类型是对学习特别有兴趣、非常喜欢学习的学生；另一种类型是在学习上过度依靠教师的学生。喜欢坐在教室后排位置的学生也分为两种类型：一种类型是学习精力不集中、不愿意学习的学

---

① Adams，R & Biddle，B. Realities of teaching：Exploration with video tape，1970.

生；另一种类型是学习比较吃力的学生。学生选择坐在哪个位置与诸多因素关系密切，其中包括学生的学习态度、个人能力、自我评价以及和教师之间的关系等。由此可见，学生自主选择座位时，学习成绩好、能力强的学生会选择教室中前排和中间的位置；教师在安排学生座位时，也出现了同样的情况。这充分说明座位影响着学生的学习和课堂上的行为，同时又影响着教师安排座位和学生自选座位。

总而言之，座位的编排影响着学生，影响着课堂管理行为，影响着课堂上教师和学生之间、学生和学生之间的关系，更影响着学生的课堂参与度。所以，在选择课堂管理策略时，教师要结合班级的实际情况，充分考虑学生的个体差异，合理安排学生的位置。

（7）班级规模

班级规模是指班级中学生的数量。班级授课制产生后，班级规模的研究也随之展开。著名教育家夸美纽斯提出在班级内学生会互相影响，进而使课堂教学效果强于个体教学方式。夸美纽斯重点从两个层面对班级规模进行了研究，第一是班级教学的规模效益；第二是班级规模对教学的影响。随后对班级规模的研究便把这两个层面作为重点研究内容和研究方向。

当前班级规模研究的重点是班级应具有的规模。首先，外部条件对班级规模具有一定的制约作用。学校所处的国家或者地区的社会和经济发展情况以及适龄人口的数量和状况，这些外部条件都影响着班级的规模。其次，在某一地域之中，班级规模呈现出比较明显的稳定性。因此，每个国家的班级规模都不尽相同，通常情况下发展中国家的班级规模要大于发达国家。此外，班级规模也受学生个体的影响，通常情况下，学生的年龄与班级规模成反比，即学生年龄越小，班级规模可能越大。

班级规模通过课堂上的环境质量对学生产生一定的影响。班级人数少，有利于教师关注学生的情况，也能针对学生的个性特点安排教学内容和教学进度；人数少，教师与学生交流和互动的几率就大，教师也有更多的精力去创设良好的课堂学习氛围。而班级规模较大时，班级中学生的数量较多，学生在课堂上活动的空间就小，学生之间的相互影响就会增大，教师和学生交流互动的效果就不理想，而且互动的数量会减少。班级规模较大的课堂上，学生行为的相互影响比较严重，常常会出现碰撞、拉扯、拒绝等行为。研究证明，班级规模影响师生的交往，影响班级的建设和班级中师生之间的感情。而班级人数少时，教师会给予学生更多的关注，与学生沟通和互动的机会就多，学生的积极性就会提高，学生问题行为如冷淡、摩擦和挫折等就会减少，课堂氛围也会更加和谐，师生的满意度都会增强。即班级人数少，利于师生培养情感。

2. 课堂心理环境的构建

教室、教学设施设备等物理条件相互作用，并且按照某种方式加以组合而形成的物质条件，为师生的课堂互动提供了保障。教师在课堂管理中对这些因素进行整体筹划和设计，有利于调动学生学习的积极性，使学生主动参与课堂活动。但这些并不是影响学生课堂行为的主要条件。学生在课堂上的行为在很大程度上还受到社会、心理等方面因素的影响。社会心理因素就是指在课堂上师生之间、生生之间的各种交互关系，并通过这些关系而构建的社会心理氛围。而这种社会心理氛围在课堂上的影响重点体现在，它能让教师和学生形成群体归属感和独特的群体心理氛围，并因此对人的意志、态度、动机等产生影响，使课堂上教师和学生都具有相同的行为方式。

（1）建立和谐的师生关系

教师和学生在课堂上由于互动和交流而形成的心理关系就是人际关系。这种关系中每一个人的特点都会影响人际关系。在课堂众多的关系中，师生关系是对课堂管理产生重要影响的关系，而且它也是对学生行为产生影响最明显的关系。只有良好而和谐的师生关系，才会使学生形成正确的行为，才能使课堂教学呈现出良好的完成效果。所以，构建良好的师生关系已经成为课堂管理研究中的一个非常重要的内容。

为了形成良好的师生关系，为了课堂管理的有效开展，教师在工作中要重点从以下几个方面进行研究。

首先，学生在课堂上是否具有主体地位，能否吸引学生积极参与课堂管理直接决定着课堂管理的好坏。目前，课堂对学生的主体地位已经有所体现。在课堂管理中，教师要树立学生为中心的理念，把学生看作鲜活的生命个体，对学生的各个方面尤其是心理方面给予足够的重视，要关注学生的个性特征，包括学生的兴趣、爱好、能力等，给予学生充分体验成功和感受快乐的机会。

其次，课堂上教师的领导方式直接影响着学生的课堂行为。教师在课堂上的领导方式没有对与错，只有合适与不合适，恰当与不恰当。教师在课堂上采取什么样的领导方式受两方面影响：其一是受教师的个性特点、受教育程度和所坚持的教育理念的影响；其二是受班级状况、学生状态等的影响。所以，教师应综合各方面因素进行考虑，选择合适的领导方式，促进课堂管理的有效开展。

最后，教师还要关注移情性理解。移情性理解是由人本主义心理学家罗杰斯（Rogers）首先提出来的，就是在情绪、情感和理智等方面都站在他人的角度去考虑，通过变换角色地位来解决问题。移情性理解作为促进师生关系的一种模式，能够把教师和学生的认识、想法和情感紧密联系起来，从而在教育情境中构建和谐的师生关系，使师生之间更加亲密更易交流。移情性理解认为教师在课堂上要注意形成"五感"：熟悉感——了解自己的学生，心中有学生，并获得和学生熟悉起来的体验；和谐感——感到学生愿意听从老师，学生喜欢跟着老师的引领走；理解感——理解每个学生的语言、行为和心理，与学生能够心心相印，获得愉悦的感觉；信任感——教师感觉到学生对自己的信任，师生之间互相信任，体验与学生心情合一的感觉；智慧感——认识到教师对学生的成长负有重要的责任，获得在职业中实现自我价值的体验。教师能从移情性理解的几个方面着手做好课堂管理，就能从更广的范围内建立起和谐的师生关系。[1]

（2）创设良好的课堂氛围

作为影响课堂管理行为重要因素之一的课堂氛围，即指教师和学生在课堂上共同创造的社会、心理和情感等，包括教师和学生在课堂上的情绪和情感状态。20 世纪 20 年代西方发达国家就已经开始了对课堂氛围的研究，同时也把创设良好的课堂氛围作为教师培训的主要项目。课堂氛围是课堂上教师和学生之间、生生之间因为交流和沟通而形成的一种氛围，而这种氛围又会影响学生在课堂上的行为表现、学习状态，影响课堂管理的质量。

---

[1] 吴立岗：《教学的原理、模式和活动》，桂林：广西教育出版社，1998 年，第 30—32 页。

首先，关注情景因素，构建人本化课堂。这就要求教师对课堂进行精心设计，布置、美化教室，充分考虑每个学生的特点，营造良好的心理氛围，促进学生之间的互动，构建心理环境。

其次，关注教师因素，树立正确的课堂管理理念。教师在课堂上扮演着组织者和领导者的角色，在课堂上具有至关重要的作用。要构建和谐的课堂氛围，作为管理者和领导者的教师要在课堂上采取民主管理的方法，既体现教师的权威性，又能够调动学生积极参与课堂。教师要树立正确的课堂管理行为理念，要与学生建立良好的人际关系，并了解和掌握学生的心理感受、满足学生的心理需求，让学生信任老师，从而亲近老师，这是教师开展有效课堂管理应当遵守的关键性原则。

再次，关注学生因素，调动学生参与课堂行为管理。课堂管理就是教师和学生之间互相影响的历程，教师和学生的思想状态、精神状态和努力状态决定着教师和学生的行为效果，决定着课堂管理的效果。课堂管理不仅仅需要教师的全力投入，更需要关注学生，调动学生管理课堂的参与度，使学生积极参与课堂管理。这样也提高了教师课堂管理的自信，使教师能够积极调整自己的行为和状态，来配合学生的参与热情。同时，教师利用多种方法调动学生积极参与课堂管理，又激发了学生的参与热情，这样便形成了良性循环，有利于创设良好的课堂氛围。

在课堂上有许多因素影响学生对课堂活动的参与程度，其中最主要的因素有两种：其一，教师在课堂管理上的民主程度；其二，课堂管理中完成任务的难易程度和学生能力水平的高低。所以，教师在引导和激励学生积极参与课堂管理时，应关注学生的能力发展情况，在培养学生具有一定的课堂管理行为知识和管理能力的基础上，再逐渐鼓励和引导学生积极参与课堂管理，在课堂管理的实践中不断锻炼自己，提高学生的管理能力和参与度。此外，教师在明确课堂管理目标时，要充分考虑学生现有的水平和能力情况。

最后，课堂氛围与课堂教学的有机衔接。课堂氛围不是单独存在于课堂之中的，而是与课堂教学活动有着密切关系的。教学活动直接或间接地影响着课堂氛围，特别是教师课堂教学活动的设计情况，课堂教学活动顺利开展的程度，教学对课堂上突发事件的应急处理情况，等等，都会极大地影响课堂的氛围。但同时，课堂氛围的情况也极大地影响着教师课堂教学活动的开展。所以，教师在进行课堂管理时，首先要在课堂教学上下大力气，提高教学的艺术性、科学性和趣味性，提高课堂教学的效果。然后，再深入研究良好课堂氛围的创设，而且能够从多方面入手把课堂教学和课堂氛围进行有机衔接，合二为一，实现理念与行为的和谐统一。

课堂物理环境和社会心理环境在课堂管理中具有重要的地位，发挥着至关重要的作用。教师在实践中要注重从多方面、多角度、多层次协调好各种因素之间的关系，进而促进课堂教学活动的顺利开展，提高课堂教学的效果和质量。

（3）发挥多方力量建设课堂环境

课堂环境建设要充分利用并整合各方面的力量，调动社会、学校和家庭的教育资源。构建良好的课堂环境建设空间，要明确课堂环境是具有开放性的。在新的时期，理念的引进、教育资源的整合，都要求学校要积极与社会机构、学生家庭以及其他学校建立多种形式的互动和交流。学校的管理不再是闭塞的，而是要具有开放性。学校管理的开放性，首先就体现在管理模式的灵活多样；其次教育思想要具有开放性，要将学校、社会和家庭资源进行有机整合，使其发挥重要作用，形成教育合力，完成教育任务，实现教育目标。家庭和家长是非常主要的教育资源，学校要开展好家校合作，共同为新课程的实施保驾护航。组织好家庭和学校的合作，让家长成为家校教育的连接者。在家校合作中，教师是活动的发起人、策划者和引导者，同时还是活动的推进者、咨询人、教育资源的发掘者以及家长的好朋友。同时因为有些教师本身就是家长，因此能够站在家长的角度看问题、想问题并解决问题，能够深刻理解家长的需求。目前，随着新一轮基础教育课程改革的深入开展，教师们通过多种新课程培训，新的教育理念和课堂理念正在逐渐树立。教师可以抓住机会，通过不同的方式和渠道把新课程理念传递给家长，指导和帮助家长树立正确的家庭教育理念，学习和掌握多种科学先进的家庭教育方式，从而提升家长进行家庭教育的能力。通过学校和家庭的联合行动，使教师和家长一起成长为新课程的开发人、推进人，进而实现教师和家长的共同成长，实现终极目标——促进学生的全面健康发展。

四、课堂管理制度优化策略

1. 由谁制订制度——专制与民主

制订制度必须采取民主的方式，需要制度制订者与被约束者达成相同的认识，形成共同的理解，最终实现相同的价值观。课堂管理制度在制订过程中，必须要让学生积极参与，提出自己的意见和想法，最终师生达成一致，形成制度，这样学生才能在制度实施中自觉自愿接受制度的约束和管理，呈现出良好的制度管理效果。如果学生没有参与制订的制度，学生内心是排斥的、不认可的，所以对制度执行的自愿性和自觉性就会受到极大的影响。民主性不强的制度，专制性便极为鲜明，其中强制的程度就非常强烈，也为遭受抵制埋下隐患。"充分反映人们共同的价值观，这是教育制度获得服从者信仰和自愿遵从的必要条件。"①从另一个角度来看，课堂管理制度是与学生学习、生活息息相关的教育管理制度。如果不让学生参与制度的制订，学生就没有体验到民主，学生的民主权利没有得到保障，学生就不知道什么是真正的民主，就不能形成民主意识和民主能力，将来走上社会，也会成为一个缺乏民主意识的不合格公民。实质上，课堂管理只是完成教育的一种方法和途径，而不是像法律一样具有惩戒的性质。制度本身不是目的。制订教育制度的过程本身就具有深厚的教育价值，让教育制度成为善的、教育性的存在，而不是恶的、非教育性的存在，要充分利用好这一过程，使学生受到教制度之外的教育。在课堂管理过程中，让学生真正参与制度的制订之中，这样课堂管理制度就会成为学生认可而不是相对立的管理制度。学生参与课堂管理制度的制订，也是学生智力和品德的一种外在表现，更是内在道德和责任的一种物化。这样由内而外形成的制度在具体实施过程中就具备了先天认同的有利因素。

教师进行课堂管理，制订管理制度是非做不可的一项工作。在制订课堂管理制度之前，教师必须遵循一个至关重要的原则：制订课堂管理制度的目的是给学生营造一个轻松、和谐、安全、

----

① 李江源：《教育制度认同》，《嘉应大学学报（哲学社会科学版）》，2003年第1期。

良好的学习环境，让他们能够安心学习，健康成长；而不是对他们的错误或问题行为进行惩处。在课堂管理中，制度具有约束、规范和矫正课堂问题行为的作用，能够保证课堂教学活动和师生互动活动的顺利开展。更重要的是，课堂管理制度一旦被学生接受，就会转化为学生的内在行为，调动学生积极进行自我管理，促进其形成良好的自律习惯，进而营造轻松、愉悦的课堂环境。制订课堂制度应该遵循和注意的原则要求如下。

（1）课堂管理制度的内容要明晰、科学而合理、具有可执行性

表述上要清楚、易于理解。如要求学生"课堂上要坐好"，这样的表述不够清楚和准确，没有明确坐好的内容，学生执行有难度，管理的效果也不理想。反之，如果制度的内容要求过于细化，比如要求学生上课听讲时两手背后、目视黑板。这样虽然会对学生认真听课有一定帮助，但从学生身体发育来看却是不可取的。

（2）课堂制度陈述应该简明清晰，内容表达要以正向引导为主

制度的表达上尽可能采用正面引导的语言，比如"在课堂上，应该做什么"而不是表达为"禁止做什么"，而且要注意制度的条款不要太多。

（3）课堂制度的制订要把握好时间，并在实践中不断修正

课堂管理制度应在学期初就组织学生进行制度的制订，并采取各种方式加深对制度的理解和贯彻。制度在实施过程中，教师要注意收集多方面的反馈信息，及时对制度进行修正和完善。

（4）为确保课堂制度的有效实施，教师制订课堂制度时最好取得家长的支持

可以采取致家长一封信的方式，把制订的课堂管理制度以及

制订制度的原因、目标等对家长进行说明，使家长认识制度的重要作用，并能与教师形成合力，共同促进管理制度的实施。

（5）课堂制度要让学生参与制订

只有参与制订了课堂制度，学生才会感到自己是课堂中的一员，能够获得一种归属感，才能够积极主动地遵守制度。这是最重要的一点，因为课堂制度面对的对象是学生。教师要注重培养学生管理课堂的责任感和主人翁意识，培养他们控制和管理的能力。学生积极参与制度的制订，能提升教师课堂管理的自信，促使教师及时调整自己的行为来适应学生参与的热情，同时教师采用多种方法来提高学生的参与度，又可以激发学生参与的热情。外在强制施压给学生的管理制度只能停留在表面，得不到学生内在的认同；而互相合作共同制订的管理制度才能让学生自觉自愿地加以遵守。具体来说，可以把班级内的学生分为几个小组，每个小组自由讨论，将自己小组认为应该遵守的管理制度写在纸上，然后将每个小组的纸贴在黑板上，老师也要把自己制订的管理制度贴在黑板上，然后汇总，让全班同学共同讨论哪些条目好，哪些不好，最后老师进行整理，贴在教室的墙壁上，让学生共同遵守。最为关键的一点，教师一定要让学生明白制订制度的原因和目的，讲清楚如果没有管理制度我们班会是什么样子，然后进一步推及管理制度的重要性。即使不需要学生直接参与制订管理制度，老师也可以要求学生不断提出意见，并保证自己在行为规范范围之内活动。

另外，在对违反管理制度的处分规定上也要争取学生的意见。让全体学生都明确表达出自己的想法，并以此作为制订制度的延伸，让学生明白自己违反了制度会受到什么样的处罚。但老师也可以提出自己处罚学生问题行为的方法，因为老师更知道什么样的处理办法有效，每位老师要根据特殊的情况来制订管理制度相应的执行、处罚措施。

以上是本人提出的几点针对课堂环境建设的建议。当然建议还不是很全面具体，但我希望能为广大教育工作者，尤其是中学教育的工作者提供一点借鉴，以达到抛砖引玉的作用，大家共同促进中学生的健康成长，推进中学教育的发展。

2. 课堂管理制度的执行

制订课堂管理制度只是最基本的一步，而关键的还是要看管理制度的实施。只有重视并认真实施课堂管理制度，才能培养学生正确的课堂行为，维护良好的课堂秩序。

（1）执行规则前应检查规则是否合适

课堂规则是课堂教学和师生互动的基本准则。但是消极而形式化的规则会对学生的学习造成很大的影响。所以，规则执行之前要进行检查。采用问题式的检查是一种具有可行性的方法。可以提出的问题有：规则的重点是否都列出来了？重要的规则有遗漏吗？奖励和惩罚的方法是否合适？规则是否采用了积极的、正面的引导方式？规则是否清晰可行？等等。通过这样的检查方式，可以确定制订的规则正确、合理并可行，且适合当前的课堂管理。

（2）执行规则应始终而坚决

规则检查后就要实施。教师要向学生清楚而明确地表达实行规则的目的和要求，以及对学生执行规则后的期望。让学生知道，遵守课堂规则，就会获得相应的奖励；而违反课堂规则，就会受到相应的惩罚。对学生采取放任随意的态度、不能对学生提出严格要求的教师，实际上是缺少对学生的掌控能力。教师在规则执行过程中，不能仇视学生，也不能威胁和责骂学生。仇视和责骂学生会对学生造成极大的伤害。教育要尊重学生的个性特征，要以引导为主。执行规则重点不是纠正学生的错误行为，而是积极引导。学生对自己的问题行为进行改正时，教师要及时给予肯定，使学生获得正面的积极的体验。只有教师的课堂行为成为系统时，这项工作才算结束。

（3）执行规则既要一贯公平，又要灵活变通

规则的执行一定要确保执行标准的公平性、一贯性。所谓一贯性，就是规则的执行从始至终都是一样的，不会因为任何人或者任何原因而发生改变。否则，学生会无所适从。而且对待每个学生都采用一样的标准，不可以出现多个标准。学生已经具有了一定的价值评价标准，教师对于不同的学生采用统一的标准，这样才会让学生真正意识到公平和公正，从而促进师生关系的良好发展。同时，教师在实施课堂规则时，要根据学生的不同特点灵活变通地加以执行。虽然实施课堂规则的标准是统一的，但是学生存在着鲜明的个体差异，他们的家庭、心理和生活经验都不相同，因此对同一件事情做出的反应也不相同。学生作为生命个体，具有个性化和多样化，相同的问题行为发生在不同的学生身上，其产生的原因和他们的情绪反应都是不相同的。所以，教师要针对不同的学生采取灵活多变的方式，积极引导学生改正不良行为。

（5）执行规则应采用积极方法

心理学认为，良好的行为给予适当的肯定和赞扬，就会增加其强度，促进其再次发生，进而逐步形成为良好的习惯。当学生表现出良好的行为时，教师进行鼓励和表扬，那么就会增强学生的这种良好的心理，就会把这种行为延续。传统的课堂管理，教师会对学生的问题行为采取追溯性的引导，并加以惩罚，达到教

育的目的。这种方式存在着很多弊端，学生常常是消极地接受，不利于课堂管理。因此，要加以改进。教师还可以采用鼓励加暗示的方法。教师要对学生的好行为给予赞扬和认可，进而使学生能够自觉强化良好行为，并养成习惯。而教师对于学生的问题行为应采取间接或暗示的方式，让学生明白自己的行为是不正确的，从而自觉改正不良行为。教师尽可能采用正面引导的方式，如果迫不得已采用惩罚的方式，也要把握好处罚的度。最佳的办法还是要用理想行为来影响问题行为，促使其加以改正。而对于一些危险性不强的问题行为，教师更要以宽容和包容的态度来对待，而不要把问题看得过于严重而采取极端做法，要避免伤害学生的自尊心，影响师生之间的关系，影响课堂管理的效果。

3. 课堂管理制度的缺失与补救

任何一种制度都不是完美无缺的。教育制度的缺陷是由于教育制度自身的不完满而呈现出的缺失。教育制度相对于教育活动是抽象的，教育制度即使内涵再丰富、内容再详尽、所列举的条目再多，也会因为它自身就是一种制度，而无法把具象的教育活动中各种可能出现的情况包罗其中。教育制度要在具体的教育活动中进行实践与运用，在具体实施中就会有具体的情况出现，就要做出对应的具体解释。而在这种具体的解释中则蕴含着某个方面的缺陷。教育制度自身具有的特性，如统一性、有限性等，使具体的教育活动中复杂多样的具体问题无法涵盖在一个制度之中。教师和学生是具体而鲜活的生命个体，具有鲜明的个性特征。而教育制度的刚性和非人格化特征，使得教育制度如同一部机械性的大型装置，而教师和学生的个体特征，如个人的情感、欲望、心理状态等都被悬置了，人就成了这大机械中的零部件，没有个体，也没有个性，没有自己独立的精神世界。① 因此，从尊重学生个体的个性和差异性出发，用教师人性化的关爱和关注去挖掘教育制度之外和教育制度实施之后的问题，就成了教育的关键。教师要明白实施课堂管理制度不是课堂管理的终极目标，更重要的是要注重制度实施后学生的反应，要关注制度是否在学生那里产生了预期的效果。实施管理制度是为了维护制度的权威，但是在具体的实施过程中，要真正达到教育的目的，就要加强与学生的沟通和交流，深入了解学生，从而分析学生违反制度的原因。比如，学生在课堂上睡着了，教师不是简单地把学生叫醒进行批评和惩罚，而是要了解学生睡觉的原因，是身体不舒服了，是昨晚写作业太晚没休息好，还是对教学内容不感兴趣。教师要找出学生这一问题行为背后隐藏的真正原因，并尽可能为学生提供帮助。实际上，学生产生问题行为的真正原因才是教师进行教育的最佳切入点，也是最有意义和价值的教育。教育制度本身是抽象的，只有教师在具体执行后，对教育制度产生的后果给予更多的耐心和细心、关心和关注，才能真正让教育制度发挥它的作用。教师应让学生明白，对学生进行惩处和责罚，不是对学生的侮辱和蔑视，而是老师对自己负责，希望自己成长得更好。只有这样，教师和学生之间的关系才不会由于制度自身的刚性而产生异化，而是形成了更为和谐而良好的教育关系。

课堂管理制度不可能一开始就尽善尽美，不可能一开始就完全符合课堂的各种情景和学生的实际状况，而且学生也不可能一

---

① 李江：《教育制度的缺陷及补救路径》，嘉应大学学报：哲学社会科学版，2002 年第 8 期。

开始就能真正完全明白课堂管理制度的具体要求。在实施过程中，教师要积极搜集各方面的反馈信息，并根据具体的情况及时进行修正和完善。通常情况下可以采取活动式的制度，即每过一两个星期就对制度进行修改，并与学生共同讨论，在学生共同参与的情况下对课堂管理制度予以更新。在需要修改的制度较多时，应先从最重要的一两项开始。教师对制度的执行实际上是从静态到动态、由结构管理到过程管理。静态的结构管理就是教师注重课堂规则和秩序的建立，并成为一种程序化，这就需要教师在管理过程中构建管理队伍，形成"教师—班长—班委—组长—学生"的管理结构。静态结构管理对于课堂管理具有非常重要的作用，便于教师管理和操作。可是课程改革后的课堂呈现出明显的变革性和生成性，课堂的环境在不断变化，课堂中的学生在不断成长，课堂中的一切都处于变化的动态之中。这时，教师就要采取动态的过程管理。教师在进行课堂管理时，要根据阶段的差异和即时的课堂情况，从不同的角度对课堂出现的问题进行动态的反应，同时要及时调整管理的方式和方法。总之，在课堂管理过程中，静态管理和动态管理不是互相对立的，而是相互融合、相互作用，这样才能形成合力，共同实现教育目标。

五、优化教学促进管理策略

优秀的课堂教学能够成功预防学生课堂违规行为的发生，有效的管理制度来自有效的课堂教学。所以，提高课堂管理制度，首先就要提高课堂教学，增强教学的艺术性和吸引力。当前，课堂管理的专家都非常重视课堂教学与学生行为之间关系的研究。

格拉瑟（W. Glasser）指出课堂有效管理的三大要素：优质的课程、有效的教学以及优质的学习。库宁（J. Kounin）则提出：实施有效课堂管理的最好方式就是吸引学生积极参加课堂活动。他通过对高效课堂管理和低效课堂管理的教师研究，结果发现：虽然两种类型的教师所采用的课堂管理方法基本相同，但是最重要的差异是，高效课堂管理的教师都能够利用有效的课堂教学和课堂组织预防学生问题行为的发生，而且教师在备课、组织教学、安排课堂活动等方面过渡的能力都非常强。此外，高效课堂管理的教师还能够抓住细节，善于调动学生学习的积极性，使学生能够集中精力地完成教师安排的任务，布置具有个性特点的作业，使学生的活动一直围绕教学有序展开。[①] 这些研究充分说明，构建有效的课堂管理制度，不但要有科学的课堂管理观的指导和管理制度的规范，而且更要有优秀而高效的课堂教学。当代课堂管理中，需要以科学的教学行为来促进有效的课堂管理，使课堂秩序呈现出最佳状态。

1. 课堂时间的优化

时间管理在学生学业成绩预测方面具有非常重要的作用，而课堂上的时间和学生的学习成果更是有着极为密切的联系。20世纪初期，赖斯（Rice）就指出应该把课堂中的时间作为影响课堂教学效果的重要因素。时间管理通过时间压力、学习满意度和作业拖延等影响着学生的学业成效。在此之后，很多专家都把时间看作课堂上特殊的变量进行探究，时间在课堂管理中的作用越

---

① Vernon F. Jones, Louise S. Jones, 方彤等：《全面课堂管理》，北京：中国轻工业出版社，2002年。

发重要了。课堂教学效率就是在单位时间内以最小的精力付出，而获得最大的成效。因此，要提高课堂教学效率，就要树立优化课堂时间的理念，注重时间管理策略的应用。

（1）有效利用课堂时间，降低时间消耗

要提高课堂时间的管理效益，就要强化教师的时间观念，把课堂上教师和学生有可能造成时间浪费的人为因素降到最低，从而使课堂有效时间得以保证，最终实现课堂教学效率的提升。首先，教师做好充分的备课工作，用心设计教学内容，撰写教案，准备好教学所需的教学用具。其次，按时上课、下课，不迟到也不提前离开教室。不利用教学时间来解决学生的违规行为。再次，要有效组织学生的讨论活动，注重互动效果，避免学生失控状况的出现。最后，要用心设计问题，善于启发学生进行积极的思考。此外，要注意语言的艺术性，既要简洁凝练，又要善于引导。

（2）把握最佳时机，优化教学过程

有研究表明，课堂上学生思维的最佳时间段是上课后 5 到 20 分钟。如果教师错失这一时机，那么就很难完成教学任务，更不会实现预期的教学目标。所以，提高课堂的时间效率，就要在最佳思维时间段内完成主要的教学任务，处理最关键的问题，同时要精心设计教学方法，保证教学活动正常开展，同时，学生也会积极、自觉地参与学习活动。

（3）合理掌握信息量，增强知识的有效性

课堂教学就是要传递给学生一定的信息，刺激学生的大脑积极进行思考，使学生具有活跃的状态和积极进取的心理。学生在课堂上的学习过程是一个逐渐获得知识信息从而完善认知结构的过程。如果课堂上的信息量太少，就会使教学环节散乱，造成教学时间的浪费；而如果信息量太大，又会超出学生的接受范围，教学效果差，也会造成教学时间的浪费。所以，教师课前对教学内容的信息量做好分析，确保课堂上单位时间内的信息量适中。同时也要注意，课堂上教师所传授的信息一定是有效信息，避免无用信息影响学生的思维和对知识的理解，影响课堂教学效果。

（4）提高学生专注率，增强学生的学术学习时间

伯利纳在分配时间和专注时间研究的基础上，提出了专注率理论，即分配时间内学生专于某项教学活动时间所占的百分比。通过提高学生专注率来提升专注时间，使专注时间越发等于分配时间。在实践中要提高学生的专注率就要从两方面入手：其一，抓住关键时机进行教育；其二，选择合适时机解决学生问题行为，避免出现影响课堂管理规则的矛盾冲突，特别要重视活动之间过渡时间的有效利用，确保教学活动能够顺利开展。除此之外，学生专注率提高了，还要注意提高学生的学术学习的效率。教师在进行教学活动过程中，要准确把握教学的进度和密度、教学的重点和难点、教学信息的数量和有效性，学生学习的效率才会提升，学生的学习时间才是有效的。

2. 课堂教学内容优化

社会的发展和进步，对人才素质的要求越来越高。五天工作制的实施，教学条件和手段的不断完善，带来了教学时空的巨大变化。在新课程实施中，只有不断改革并优化教学内容、提高教学效率，才能使教学目标得以实现。优化教学内容，就是要依据教学目标的要求，结合学生的具体情况，在教学内容的数量和质量上、知识点的难易程度上进行合理优化、科学设计，从而提高课堂教学的效率。课堂教学内容的优化，一方面有利于教学目标

的良好实现；另一方面也会极大地促进教学方法和手段的选择以及教学结构、教学过程的优化，形成良性循环，相互促进。

（1）教学内容的合理选择

教学目标是教学内容的依据和导向。同时，教学目标又需要教学内容去体现，并引导着整个教学过程。选择教学内容前，要对教学对象进行具体的分析和研究。新课程下的教学目标体现出三个层面，即教育、培养和发展。这充分体现了现代教育目标不但重视思想道德和基本能力的培养，而且更注重学生智力因素和非智力因素的良好发展，从而体现了教学目标的整体要求，有利于优秀人才的培养。选取教学内容，要围绕教学目标，要做到以下三个"确定"。

首先，确定数量、深度和广度。教学内容的选择要考虑全面，把握好数量和深广度。教学内容数量、深广度要和学生的现有水平相匹配，同时还能满足学生的潜在水平，使学生在已有知识的基础上顺利接受新知识。教学内容目标所要求的知识和技能，大部分学生通过努力都能够理解和掌握。

其次，确定主要内容和次要内容。教学内容的选择要体现主次分明。教师要了解哪些内容是主要内容，需要重点讲解，哪些是次要内容，可以一带而过，从而把学生的精力集中到主要内容上，提高教学效率和教学质量。

最后，确定难点和重点。教学内容的选择上要突出重点，教学中要注意突破难点。教师要根据学生已有的认知水平，采取合适的方式，使教学难点具有可操作性，也可以将教学内容的重点和难点按阶段性进行安排，有利于学生理解和掌握。

（2）教学内容的合理组合

教学内容确定后，要依据教学目标对已选的教学内容进行有效整合，就是对知识系统中的大量信息加以分析、归纳和甄别，找出重难点，并进行重新组编、调整和筛选，使知识结构最优化。通过有序编排的知识信息程序，学生在已有知识结构的基础上轻松学习新知识。教学时，首先，要做到心中有数，知道利用哪些内容、哪些方法完成教学目标，既包括知识目标，也包括能力和情感目标。同时要注意激发学生的学习兴趣，调动学生学习的积极性和主动性。其次，教师要准确把握教学内容知识含量的多少。课堂内容要丰富，能满足学生求知的欲望，使学生积极学习，主动学习，实现课堂教学效果最优化。同时要注意，教学内容的数量和教学重点也不应过于集中，不要在学生学习和接受能力之外。这样不但影响教师主导作用的发挥，而且还会给学生造成较大的压力，导致教学目标难以实现。

教学内容的优化要注意：①把握学科知识系统的逻辑性、结构性，根据教学目标有机优化教学内容，有效组织教学过程；②按照学生认知发展规律整理教学内容，把书本知识信息优化后让学生易于接受和学习，并培养学生自主学习的能力；③及时了解学生学习情况，并有针对性地做出合理的调整，提高教学效果。对于教学内容的设计，不但要注意科学安排教学内容，确保教学目标的实现，而且也要符合学生的认知规律和身心发展规律，充分突出教学过程中教师的主导地位和学生的主体地位。

（3）教学内容的整体优化

从整体上把握教学内容是优化教学内容中的非常关键的环节。对于教学内容要采用系统而科学的方法，准确把握各个学科之间或者学科内各个章节之间的内在联系和影响，同时也要注意课内外的联系。

①处理好公共课和专业课内容间的衔接。各学科课程内容之

间有其固有的层次性、连贯性和系统性。处理教学内容时，要联系前后学科内容予以取舍和讲授。通常情况下，几门低一级的课程合起来才成为高一级课程的基础。所以，教学内容上不但要注重基础知识，而且也要能够达到高一级课程的标准，内容上要承上启下，前后连接。但也不要出现学科内容重复的现象，降低和减弱教学效率和效果。

②处理好实践环节和课堂教学内容间的衔接。课堂教学内容是具体实践的理论指导，实践是课堂理论知识的具体应用。正确处理实践环节和课堂教学内容的关系，把两者有机衔接，才能培养出理论知识扎实又具有较强实践能力的人才，才能满足当代社会对人才的需要。

③处理好内容设计与未来发展之间的衔接。社会的发展和经济的快速增长，使就业竞争日趋激烈。而社会也越来越需要高素质的人才。各个专业技术领域已不再是单一的，而是一种综合型的技术范畴，各种各样的新技术不断涌现。教师要对教学内容进行整体把控，紧跟社会发展的需要。教师要具有新的教育观，对教学目标和教学内容进行创新和改革，善于运用各种现代的教学手段，采用先进的教学方法。教师应做到心中熟记《义务教育课程标准》，眼中关注学生个体、脑中有教学方法和教学手段，这样才能在教学过程中成竹在胸，运用自如，才能提高教学质量。

3. 课堂教学手段与方法优化

（1）以传统教学手段为主

板书设计是教学中不可缺少的教学手段，也是备课和上课的一个重要环节。好的板书设计可以直观地把教学内容的重难点通过黑板展示给学生。板书设计是一门技巧，也是一门艺术。通过板书，可以很好地突出教学内容的重点，使学生对教学内容有整体的理解和把握，有利于培养学生思维的连续性，更有利于学生整体感知和概括能力的提升。通常情况下，板书设计可以分为四大类型：第一种是提纲式。这类板书体现的是教学内容的精华和框架，能够简洁清楚地概括教学的内容和重点。第二是表格式。以表格的形式设计板书内容，使教学内容更加清晰醒目，具有层次感。第三种是图文式。这类板书内容既有文字内容，又有规范的图形。图形线条清楚，标准规范，还可以搭配不同的颜色，借以突出重点内容。第四种是总结式，就是对教学内容的高度概括和提炼，是教学内容的要点和结论。

可是，因课堂时间和容量的限制，板书会在一定程度上影响学生获取知识的效率、限制了学生对知识的探索。而且，还有一些需要动手操作的教学内容，教师无法在课堂上进行演示，导致学生学习积极性下降，学习不够主动。最终会使学生不爱学，教师不爱教，影响课堂教学质量。

（2）以现代化教学手段为主

多媒体技术作为现代化的教学手段，能够充分整合并利用多种教育资源，优化课堂教学效果。多媒体应用到教学之中，可以很好地揭示事物的内在联系，并且能够打破时间和空间的限制，从多种角度呈现课堂内容，使学生眼、口、耳等多种感官一起参与学习，提高学习效率。多媒体技术突破了传统教学手段的局限性，增进了师生之间的联系，提升了学生多种感官效能，减少了学生感官在课堂上的局限性。可以说，多媒体技术手段在课堂教学中的作用是其他教学手段所无法比拟的。可是，在实际应用过程中也存在一些问题，如很多教师过度依赖多媒体教学手段，抵制其他教学手段；教师对多媒体的辅助作用应用过多，使教师的备课质量下降。而且，在课堂上大量使用多媒体教学手段，很大程度上不能真实反映出教师的教学水平。因为对多媒体教学手段的依赖，会使教师产生惰性，专业能力降低。这些都不利于教学活动的开展。

（3）现代化教学手段与传统教学手段有机结合

随着时代的进步，现代化的教学手段在课堂教学中的应用越来越广泛。教师在大量运用现代化教学手段的同时，也要继承传统教学手段的优点。每种教学手段有自身的长处，但也并不是完美的。因此，要取各种教学手段之所长，将现代教学手段与传统教学手段有机结合，使其互相促进，共同发展。

第一，要依据教学内容，把难以用语言文字、图形等表达的内容利用多媒体手段进行教学。比如，一些比较复杂的图形、公式或者实践操作等，如果用板书进行教学，不但浪费时间，而且效果也不够明显。此时教师就要采用多媒体教学手段辅助教学，就能够有效地突出重点、突破难点。

第二，当课堂教学内容信息量极大，而又需要看到反馈效果时，就可以选用现代化的教学手段。这样，既可以极大地节省教师在黑板上抄题的时间，提高单位时间内的效率，又增加了学生参与学习的时间，加快了教学的节奏，教师从而有时间了解学生的反馈情况，使教学更有针对性和实效性。

第三，当遇到一些定理或者公式的推导教学时，如果采用现代化的教学手段，教师就会依赖于电教手段，弱化讲解，使学生的空间推理能力和想象能力受到限制，不利于知识的理解和学习。如果采用板书形式，教师能够按照一定的逻辑进行推理和板书，边讲解边板书，从而使学生有更多的独立思考和想象的空间，增进了师生之间的交流和互动，使学生能够准确理解课堂教学内容，学会规范作图。

第四，对于特殊类型的课程，比如机械制图练习课，教师就可以选用传统的教学手段，利用黑板上学生的板演，发现学生存在的问题并及时加以纠正。教师也可以根据课堂的具体情况随时调整自己的教学进度，有针对性地强化部分教学内容。通过对知识的巩固和活化，还培养了学生解决问题的能力。

第五，把多媒体课件和板书在教学中有机结合，能够呈现出较好的课堂效果。实践教学时，教师可用多媒体课件作为课堂教学的主线，以呈现需要学生大量进行记录的内容，节约了时间成本。教师详细讲解教学内容时可以辅助板书来完成，尤其是公式和定理的演算和推导，这样便于学生理解知识点，提高学生的听课效率。

多媒体教学手段和传统板书的有机融合，既可以使教学内容呈现得更加清楚，更具有整体性和系统性；又可以多角度、多层面地对问题进行分析和探究。在教学中合理使用现代化的教学手段，调动学生多种感官参与学习活动，有利于提高教学质量。同时，也要注重板书的设计和书写，好的板书能够把一节课的重点教学内容和知识体系完美呈现，使学生在原有知识的基础上顺利掌握新知识，形成新的知识体系。

总之，多媒体技术在课堂教学中的应用，是对板书这一传统教学手段的延伸。板书所独有的实时性和反馈性是多媒体技术所无法替代的，而多媒体技术又能展示板书所不能表现的空间和容量。教师要树立现代教育观和质量观，将现代教学手段与传统教学手段进行有机整合，从而优化课堂教学结构，提高课堂教学成效，使学生爱学习，会学习，各个方面都有所进步。

4. 课堂教学方法革新

教学方法就是在教育思想指导下，教师和学生为了实现教学目标，选择一定的教学手段，从而产生相互作用的方式。教学方法是教法和学法的和谐统一，是一种方法系统。其一，教学目的和任务要通过教学方法得以实现，教师要根据不同的教学目标和内容选取恰当的教学方法。其二，教学方法是双边活动，教师和学生是两个重要因素。教师所选用的教学方法要在课堂上通过实践的验证。其三，教学方法是教法和学法的和谐统一，而不单指教师的教法。

（1）充分发挥教师的主导作用

教师的主导作用直接影响着课堂教学的效果。要构建良好的课堂教学氛围，教师不仅要在教学内容设计上下功夫，还要对教学活动进行精心的组织，同时要增加教师和学生之间的互动活动，教师就要做到仪表大方、穿着得体、充满激情。同时，教学语言要准确、精辟、富有感染力和吸引力，教学内容要充实、合理、具有实效性。教师要把握教育动态，了解教育最前沿的知识和动向，并向学生积极推荐有助于学习的书籍，激发学生积极主动地探索知识。

（2）要树立新课程理念

在课堂上要体现教师的主导作用和学生的主体地位。原有的课堂教学中，教师常常以自己的讲授为主，学生只是被动地接受知识。新课程提出了新的教学理念，学生主体地位得到重视，学生在课堂上是学习的主人，是课堂活动的主体。教师是课堂教学活动的引导者和辅助者。教师要积极投身新课程，树立新理念，采用新方法，积极探索课程改革新思路。教师要知道，教学是一种艺术，也是一种智慧。教师要具备多种专业能力，如板书、语言表达、备课等。在教学中要充分发挥教学艺术和教学智慧，以自己的人格魅力和博学的业务知识培养和影响学生，使学生热爱学习，喜欢学习，主动学习，进一步提升学习效果。

（3）在教学过程中灵活运用教学方法

教学过程的形式可以活泼，但不是课堂表面的热闹，而是指课堂教学方法的多样与灵活。教师要灵活掌握并运用启发式、谈话式、探究式、互动式等教学方法，着重培养学生自主学习能力和创新能力。在教学中灵活运用教学方法，当进行讲授时可以在讲解和讲述的基础上，把案例式、对比法、师生互动法和问答法等多种教学方法融于整个教学过程，理论与实践有机结合，使教学内容丰富有趣味，能够引起学生探究的兴趣，主动进行知识和技能的学习。启发式教学方法就是教师要善于提出问题，并引导学生自主解决问题，从而培养学生发现问题、解决问题的能力。而当遇到教学实践性较强的教学内容时，可以选择师生易位互动式教学方法。就是教师在教学过程中，通过预先布置的方式，在进行示范操作后，有目的地让学生实践演示和操作，体现课堂双向学习的特点。这种教学方法一方面能使课堂气氛更加活跃，课堂环境更加愉悦；另一方面增强了学生听课的效果，提高了学习质量。但要注意，在教学方法上要避免原来重视理论教学而轻视实践操作的模式，要积极引导学生关注和发现事物的本质和内在联系。案例式教学方法，是指教师在教学活动中把自己的经验和实践感悟融于其中。这样做一方面能促进教师教学水平的提高，提升课堂教学效果；另一方面能培养学生理论联系实际的方法，提高学生的实践能力。实际教学中，学校要坚持公开课、汇报课和研究课等制度，年轻教师必须由老教师指导上课，发挥典型教师的辐射作用和传帮带作用，教师间开展互听互评的教学活动，让教师取人之长补己之短。

（4）多方努力，恰当引导，抓好学风建设

任课教师要密切配合班主任开展学风建设工作，对学生要以教育为主，重视学生良好行为习惯的养成教育。对于经常有问题行为发生的学生，教师要走近学生，深入了解学生，发现学生产生问题行为的真正原因，并通过不同的方式正面积极引导学生改正不良行为。对于班级中学习成绩较差的学生，教师要采取多种方式，帮助他们提高学习成绩，建立自信。教师要用自己的人格魅力去影响学生、用教学艺术去感染学生，从而形成良好的班风。

（5）构建科学的教学质量监督体系，提高课堂教学质量

第一，要健全管理制度，并坚决执行。要健全教学管理制度，以规范课堂教学活动，维持课堂教学纪律。第二，要做到坚持和评比并重，创设良好的竞争氛围。要大力开展教研活动，教师之间坚持互相听课、评课，教研组要对教师上课的教学内容、教学方法、教学手段、教学效果等方面进行详细的评议，并提出反馈意见，促进教师进行整改。第三，要适时整顿教学秩序，保持良好的教学状态。要经常检查教学秩序，抽查教师的课堂教学状态，是否上课迟到、下课拖堂和课堂时间擅自离开教室等，也包括学生的出席情况和课堂制度的落实情况等。问题出现要第一时间进行解决，以维持良好的课堂纪律，形成良好班风。

5. 课堂教学评价的改革

根据新课程改革要求，教学评价既应注重学生学业成绩方

面，更应掌握学生个性特点，了解学生个体需求，发现以及发展学生的综合能力水平，并帮助学生逐步树立自信心。从课堂教学评价目的来看，其在实现鉴别与选拔的同时，更要推动学生良好发展进步。所以，要求教师进行课堂管理时应使用科学的评价策略，运用发展眼光对学生开展评价。综观教育的根本目的，其都以为学生创设良好学习环境以及促进学生良性发展为前提，而绝不是以让学生更好适应固定教育程式为目标。因此，对学生进行教学评价时，既要注重其学习成绩如何，又要从发现和培养学生能力入手，真正掌握学生的各自需要，掌握其个性特点，从而帮助其树立自信心。作为教师，要相信每一名学生都具有巨大的发展潜能，工作中应运用积极乐观的态度、优雅的神态、合适的肢体动作等来正确评价学生、激励学生、辅助学生、赞扬学生，使学生获得更大的成功。针对学生学习过程中遇到的疑问和难题，应当针对不同学生采取个性化指导和帮助，使所有学生都有不同程度的进步和收获。

评价学生还应使用多元评价标准。根据新课程要求，现代学生发展表现各异，如果单纯局限在某一认知领域，往往不能正确评价学生，应从学生成绩、态度、情感、价值观等多方面综合评价。如果单纯以分数为评价指标，势必严重损害学生个性发展需求，许多时候所谓的"差生"往往是因教师的评价方法不正确所致。教师应从学生的学习态度、个人情感、日常表现、人生观、世界观、价值观等多方面评价学生。此外，针对不同学生应采取不同评价标准，鼓励学生差异化，让每一名学生都成为独立的个体健康发展。评价学生的方式应灵活多样、科学适宜，通过评价既要全面掌握学生的知识技能水平，又要掌握学生个人情感态度、理想追求、价值观等。因此，不能只通过考试测验等评价方式，还应通过课堂日记、建立学生档案等多种形式掌握学生情况。评价方式还应根据不同学生特点，采取不同方式评价学生综合内容。可以通过考试掌握学生双基情况，通过小组活动考查学生团队合作精神等。从评价主体来看，应该以班主任老师、任课老师、家长、小组同学以及学生自己作为学习效果评价主体。如果实行的是自主学习内容，教师还要让学生制订自我评估计划，并进行自我评估等，从而使其养成良好的学习习惯。

课堂管理往往能通过评价反馈出来，从而有效指导课堂管理实践，激励和影响课堂管理者以及作为被管理者的学生。因此，教师评价学生的作用显得非常重要和必要，然而却不可将此视为课堂评价之唯一准则。教师评价作用更多的是为课堂管理以及教学提供信息参考，从而更好地应用这些信息进行管理决策。目前评价主体已经从一元转变为多元化发展，而评价对象也已经从被动接受转变为主动参与，评价方式也已经从简单模式转变为多层次视角、全方位过程的综合性发展趋势。教师应鼓励学生积极进行自我评价以及合作评价，从而提升自我管理意识以及责任意识、能力意识等。所以说课堂管理的创新需要多元协商评价的参与。

评价学生作业时，教师角色更像法官一样，要求学生改正错误。然而针对学生而言，进行问题解答时更多的是分析、综合、尝试、判断、推理等一系列过程的集合。学生要针对解答加以反思，针对自我认知进行再认知，从而更好地发现、提出以及解决问题，这是相对而言更加重要、深刻和深远的元认知过程。教师应当告诉学生学会观察比较，寻找作业中的问题所在，不断思考解决实际问题，通过积极思考寻找正确结果，学会悟透知识，让学生知道如何对待作业，如何做作业，如何做好作业，真正提升知识能力水平。学生通过单元学习、学期学习之后能够自我反思学习情况，查找学习结果成因，明确未来努力方向，养成自我监测习惯，培养良好的学习兴趣。

6. 因材施教策略

按照新课程标准，现代教育必须以人为本、以学生为中心。教师进行课堂管理也要体现学生的主体地位，教师面对的是具有不同个性特征、思想情感的学生，而并非"标准件"。人类的思想情感往往极其复杂，加之学生的生活环境、阅历经验、知识层次、智能水平存在较大差别，更加剧了这种复杂性。此外，学生的不同心理、生理发育也存在差别。因此，学生的学习需求、学习态度也有所不同。故此，教师绝不能以相同标准要求全体学生。如果教师再采取命令、规定、要求等态度严格要求学生，驱使学生修改，导致学生心理负担过重，会造成不良学习影响。教师应换位思考，站在学生视角想问题、做事情。作为个体的人，没有谁愿意被迫接受，强制规范约束学生学习，即使做到也存在许多弊端，如果教师不在场如自习课时，学生就容易进入自由散漫状态。究其原因，是在学生心灵深处并未形成规范意识和约束习惯。从班级授课制分析，不同班级学生之间往往个体差异非常明显。其一，教师需要通过课堂教学全面了解和掌握学生个体差异情况，从而根据不同学生"学情"制订教学标准，开展分层教学，渐次推动，针对不同的学生进行不同的教育。教师应依据学生的知识水平、能力水平划分类别，再分门别类制订教学目标。针对学生采取的教学策略应当按照不同难度、深度和内容制订，辅导学生也要有针对性辅导策略。评价学生也应该采取不同的侧重点进行评价，通过教学分层满足学生不同的学习需求，令每个学生都能学有所获，都能找到学习信心。其二，教师要在个体差异中寻找到课堂教学资源，要深层次查找个体差异的成因，制订科学的解决办法，不断调整完善教学目标，根据学生的实际需求，遵从学生的差异特点，以人为本教学，逐步规范学生学习习惯，如此才能实现因材施教的目标。

7. 满足学生学习的需要

任何学生均具有学习需要，而作为教师，如何有效满足学生不同程度的需要是值得认真思考的重要课题，其将直接决定学生的学习行为、习惯以及教学结果等。教师应该注重课堂教学的有效性、实用性和趣味性，让学生轻松学习、愉快学习。所有学生都盼望课堂学习有趣味、有意义、有收获。然而许多时候教师教学方式简单落后，教学内容枯燥无味，教学形式千篇一律，必然让学生产生消极情绪、逆反心理，学生不爱学习，也就学不好。那么如何创设良好的课堂教学，满足学生学习需要呢？这就要求教师必须认真研究思考，制订教学策略，真正履行好师者职责。

首先，教师要让课堂教学内容与学生生活实践相融合。教师要想方设法让学生学习内容和日常生活实践联系在一起，让学生感知到其所学知识技能与现实生活存在密切关联，调动学习的积极性，提高学习效果。

其次，教师要让学生参与学习任务，从而让学生更有意义和价值。教师要让学生运用多种感官参与学习，学生全身心投入学习任务，并从中体验到交流合作、探索研究、思考理解等感受，从而乐于学习。

再次，教师要抛出有价值的能够引发学生思考兴趣的问题信息。由于学生学习能力存在差别，教师如果按照单一方式平均水准上课，势必形成部分学生认为知识内容太难无法理解接受，另一部分学生认为简单没有意思。前者感觉超越了自己的能力范畴，而后者不再认真学习思考。对此，教师要有针对性地制订教学策略，教授知识设置问题时要考虑不同学生需要，建立差异的方法，依次推进教学目标，分步进行设定与执行等。

最后，教师要学会运用基于学生导向的自我管理方法，如"3R"法。"3R"即引导学生认知自身不良行为（Recognition），产生悔恨（Regret），协调纠正（Reconcile）自身不良行为。如何有效激发学生的积极行为至关重要，其既要求学校以及教师方面效能的不断提升，从而创设积极向上、友爱互助的学习氛围，又要求结合学生实际情况，开展导向课堂教学管理。作为学生本身其是具备课堂不良行为结束能力的，要让其自我管理、自我负责，提高职责意识，让学生学会客观评价自己，不断反思自己的行为，认知自己的问题，从而制订纠正方案，养成良好习惯。

六、加强师生间沟通策略

1. 建立情感关系

对于师生而言，情感关系至关重要。教师与学生之间的情感大致经历的阶段是：从生疏到逐渐熟悉，再到相对亲近，最后彼此热爱。虽然许多教师都热爱教育事业，希望热情对待每一名学生，然而教师在刚刚接受新学生时难免存在生疏感，从而心理上产生距离感及些许不安情绪，这需要通过一段时间的接触了解才能逐渐消除，进一步掌握学生整体状况，让师生心理距离逐渐缩短。再继续发展会感到彼此亲近，愿意和学生在一起，心情愉快，再进一步发展为对学生的真正热爱之情，教师愿意把自身情感和人生价值都倾注在教育事业里，师生之间心心相印密切相连，心理情感上产生巨大满足感。而学生的情感也大致会经历这样几个阶段：一是逐渐接近阶段，学生在此阶段逐渐由生疏、担心、惧怕到逐渐接受、接近、产生安全感；二是亲近阶段，内心感觉能够与教师和谐相处，自我表现也得到了教师认可，并愿意主动亲近教师，没有心理隔阂；三是产生共鸣阶段，在思想上感觉与教师存在共鸣，容易被教师的言行打动，愿意接受教师安排指导，能够感受到教师对自己的感情付出和信赖，愿意与教师真心沟通交流，倾诉内心真实感受，遇到问题和矛盾时能够得到教师及时的帮助与支持，能够达到情感世界的和谐稳定。情感关系作为师生心理关系的关键内容，其直接影响到教育教学的过程和结果以及功效，发挥着特有的润物无声的作用。建立起感情机制，能够消除或缓解正式交往中因为规章制度等各种外在压力导致的不良影响，从而在教师和学生之间敞开心扉自由交往，使外来因素影响减小，进而促进教学任务的更好完成。

通常而言，教师和学生之间情感关系作用主要包括以下几方面：一是能够让学生乐于接受教师教诲、指导和帮助。亲其师才能信其道。如果学生能够根据自我的经验、观察和感受，体会到教师真挚的感情、真情的流露、真诚的善意，自然会产生亲近之感，从而放下芥蒂敞开心扉，愿意听从教师教诲、指导和帮助。当教师和学生之间心灵相通时，信任得以建立，知识传递、教诲输出都将变得畅通无阻。相反，如果感情缺失，尤其是后进生大都对教师心存芥蒂，师生之间就永远存在一道无形的防线，教师说和教大都不起作用，学生甚至产生逆反心理，导致关系恶化。二是能够有效提高学生认知活动能力。学生学习活动和其感情之间存在必然联系，所有活动都有情感的融入，在情感指导下进行。因此，教师和学生之间如果心理关系良好，学生心境模式就是积极乐观的，学习效能自然会增强。根据教育社会心理学观点，如果学生喜欢其教师，就能更好地接受老师所传授的课程知识以及教诲，自觉服从老师的安排，并能够主动解决难题。但是当学生产生了讨厌老师的心态时，情感上会存在阴影和不满，就会对所学课程缺乏兴趣甚至厌学。可见师生情感关系良好能够有效提高学习效率。三是能够激励教师更好地从事教育教学。教师如果愿意积极主动地接近学生并倾注自己的爱心、热情和心血，学生就能感受到，并反馈给教师，教师也能感受到学生发出的尊重、信任和爱，从而产生良性互动，教师会因尊重信任而更愿意付出关爱，更愿意为教育事业呕心沥血，对教育问题深入钻研，对教育艺术思考探索，感受教师职业岗位的神圣和价值。

总之，教师和学生间的心理关系必须贯穿教育始终，其直接作用于教育过程及其结果。师生感情深厚能够促进教育任务顺利实现，能够增强集体凝聚力、吸引力，进而提高学生学习质量，使学生各个方面都得到健康的发展。因此，教师应对该课题给予足够的重视，发挥情感的重要作用。

2. 行为激励策略

根据行为心理学观点，所有行为均可通过学习而获得，并且再教育能够对行为产生改变。而课堂行为大致包括问题行为、正当行为两个方面。课堂管理大都是采取操作和强化策略，防止发生课堂问题行为的方法。而要实现课堂管理创新，则既要对课堂直观变量加以思考，又要对课堂隐性变量加以分析，隐性变量包括学生人格特征以及内驱力等方面，要从学生情感、态度、价值观等诸多因素激励学生的正当行为，实现行为激励目的。

首先，要关注学生切实需要。内驱力是推行和维持人类行为活动的重要内部动力，掌握学生的内驱力就是掌握学生的真正需要，并根据其需要而采取有效措施，满足和发展其需要就能增强其内驱力。其次，是对学生进行关怀激励。作为教师必须关心学生学习、生活，实现课堂教学与日常生活的和谐统一，达到师生之间有效合作。教师要从思想方面帮助学生树立正确的"三观"，要让学生自我管理，对自我行为负责，在生活方面要帮助学生解决困惑难题，经常沟通交流，从而让学生情感上愿意接受教师的课堂规则以及日常教诲，形成优秀人格。再次，是对学生进行榜样激励。要树立并发挥榜样作用，弘扬正当行为，摒弃不良表现。榜样的树立可选择教师或者周围学生，通过耳濡目染影响学生，通过言传身教感召学生。最后，还可以通过奖惩措施的执行、激励策略的应用等多种方法手段鼓励课堂正当行为，达到教育目的。

按照新课程标准，实现课堂管理创新必须打破传统课堂管理理念，形成新的课堂生态理念，建立起课堂主体之间的共生关系，从而真正改变过去课堂教学中存在的对抗问题、枯燥问题，让学生能够主动学习、乐于学习，让教师能够热爱教育、关爱学生。然而课堂管理的创新存在许多不确定性因素，随着教学创新的不断提出，相信课堂管理创新成效会越来越显著，实现长远发展。①

---

① 张东，李森：《课堂管理创新：内涵、方向、策略》，《教育探索》，2005 年 10 期。

3. 组织结构策略

所谓组织结构，是表明组织各部分排列顺序、空间位置、聚散状态、联系方式以及各要素之间相互关系的一种模式。根据莫尔根的论述，组织视为文化现象能够产生新的结构概念，也就是指结构基于共享认识观念而产生。一般而言，结构都通过个人角色确定或角色间规定建议关系模式而加以体现，这也是组织特征的两种不同表现。

结构从其组成来分析，其主要是组织内部成员之间相互关系的反映。组织从结构上分为：其一是理论层面的正式结构，以组织结构图描绘形式加以体现；其二是实践层面的现实结构，以组织成员实践所获得。因为组织成员文化思想观念的差别，通常会出现各种非正式群体，而这些群体都拥有不同的结构形式。一般情况下组织正式结构大都是主流文化的反映，然而因组织多元亚文化的出现而容易导致结构裂变等的发生。

从理想的组织结构来分析，一方面课堂管理更多是教师专业权威的体现，而并非是行政管理中职务权威的反映，这里体现的并不是通常我们认为的职务权威主观金字塔结构，而是恰恰相反，教师才是处于结构顶层的组织中心位置，线性管理者无法发号施令，而是通过教师教学形式加以体现职能、提供支持。另一方面，由于等级权力变弱，管理手段变成了文化，并加以情感投入的管理，所以整个结构被"压缩"，成为一个扁平式结构[1]（如图 5.1）。

---

① 宋宝和：《"放开"让农村课堂焕发出了生命活力》，《基础教育课程》，2006 年第 4 期。

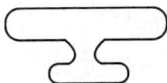

图 5.1　扁平式结构图

　　另外，最大权力执行者是处于最顶层的教学专家团队，其拥有最大专业自主权利，能够独立处理教学业务工作；而中间管理团队通常人员有限，所以有些学校没有中间管理团队，主要负责标准完善、学习培训、任务分配，但不做具体业务；[1] 而处于最底层战略团队其更多是负责组织文化的学习与培养，战略性问题的探究交流，以及消除顶层和中层管理障碍，执行具体的业务。因此，组织底部变平了，从而形成了上、下大而中间凹的"蛛网"形态（James Brain Quinn 提出，如图 5.2 所示）。其能够让员工快速聚集，来解决具体的工作问题，但工作结束后立即解散，该网状交流的优势是具有巨大能量，增加网络节点时其指数快速增长，"尽管只有极少数量的专家进行合作，但蛛网依然能够发挥数以百倍的职能作用。"[2] 以课堂为例，每位学生都同属于不同团队，例如学生学习团队通常是由学习委员牵头以及各科课代表担任组长组建而成；体育活动团队通常是由体育委员牵头各体育小组担任组长组建而成，这些团队的内部和外部是彼此密切关联，经常沟通交流，并具有相关制度约束的组织。而从目前的学校管理来看，其更类似于"团队游戏"管理，作为管理人员主要起到内部凝聚作用，通过引导成员之间达成教育理念、思想观念、人生价值等方面共识来实现。管理者会引导学校教师和学生积极参与管理以及进行自我管理，推崇自身价值的实现，保持教师和学生的尊严和特点，从而营造多元化的充满活力的组织。

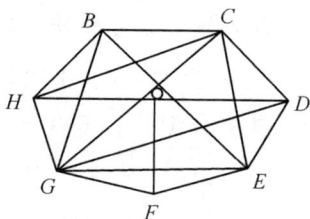

图 5.2　蛛网式结构图

可以把课堂视作社会组织形式之一，其更多通过教师管理学生数量形式加以表现，也就是课堂管理幅度大小。教师是课堂管理的领导者和执行者，其管理幅度通常未做标准限定，从几十人到上百人不等。但当教师管理学生数量过多时，课堂上师生之间如何有效进行知识传输和沟通交流显得非常关键。教师要以学生为课堂教学主体，让学生参与课堂教学管理、规划制订、组织实施以及教学评价工作，从而让课堂成为学生学习生活和展示自我的平台，不再是单纯的学习场所。这就要求教师具备高超的磋商能力。磋商主要指师生间能否达成一致进行合作，让学生明确教师思想意图，态度积极地学习，全心全意地投入学习当中，达到有效学习的目的。①

① 　陈海蓉：《课堂管理的有效性之研究——基于文化模式的一所农村初中的个案研究》，《教育硕士学位论文》，2006 年第 10 期。

七、提高师生自我效能感策略

所谓的教师自我效能感，主要指教师本身和环境之间彼此作用而产生的主体判断以及效验感应。它们并非凭空臆测而来，是根据相关信息及经验判断做出的，其具体内容主要包括以下几点：一是教师自身教学经验。教师本身的成功教学经验能够促进其自我效能感的提升，失败教学经验能够让其自我效能感下降。教师具体教学中势必遇到各种新的问题和情况，而通过这些问题和情况的解决能够让其积累丰富的经验教训，如果再遇到相关问题，教师就能轻松应对解决了。因此，教师自身教学经验决定了其自我效能感的形成以及提升。二是教师的替代性经验。主要指教师在观察、总结、研究与自身能力水平接近的其他教师时掌握积累的经验，并据此进行自我判断而做出的自我效能感。三是来自外界的评价以及劝导。主要指教师受到来自外界的针对自身教育教学工作中能力水平的评价和劝导以及鼓励和批评等。四是自身情绪以及生理状态。教师如果产生焦虑紧张、烦躁不安等消极情绪，则会对其自我效能感判断产生不利影响；教师如果拥有心情愉快、感到成功幸福等积极情绪时，则有利于其自我效能感的提升。另外教师的生理状态同样能够影响其对自身能否胜任教学任务的感知。班杜拉提出，该四种经验及信息通常会综合影响自我效能的形成与提升。实际上，自我效能是基于效能信息加工而产生的，其间实现了自我效能信息的选择、比较、整合和效能信念的形成等，教师也正是对这些信息的成败分析中产生的自我效能感。

1. 提高教师自我效能感之策略

（1）教师要注重自身素质的全面提升

教师自我效能感的提升要求其必须增强自身师德修养，提升其自身价值意义认识，专业知识扎实丰厚，教学理念先进超前，教学方法创新，才能达到预期教学效果。另外，教师应科学制订科学目标，客观开展自我评价，针对自身问题及时进行调整改进，提升自身抗压能力以及抗挫能力，树立自信心和责任心，做好教育教学工作。

（2）学校要强化教师培训学习

学校应加强针对教师的职业训练，鼓励教师进修学习，让教师通过培训学习不断总结教学经验成果，提高教学能力水平。学校还应注重教师专业特长的培养和提高，为教师成长进一步提供机会，为教师提供相互学习的条件。如召开学术研究会，组织教师教学交流合作，聘请专家学者为教师进行专业知识培训讲座，考察其他优秀院校等，通过多种渠道学习成功教学经验、掌握科学的教学艺术、创新教学方式方法，以增强教师教学水平。

（3）学校要创设良好的校园环境

学校应全面提升集体效能感，弘扬积极健康的校园文化，营造生机勃勃、活力无限的校园环境，让教师能够充分体现自身能力价值以及充分发挥群体效能感。此外，还应设立科学激励机制，营造创新精神以及竞争环境，制订公平公正的教师评价机制，打造有利于良性发展的良好校园氛围。学校还要加强教学科研机构的建设，形成互助合作共同发展的态势，真正体现学校集体智慧的力量。

（4）学校要实施规范管理

学校应满足教师正常合理的需要，为教师做好教学服务工作，管理方法要方便灵活，管理体制要科学规范，教学环境要和谐宽松。此外，还要充分考虑教师发展需要，为教师实现人生价值创设平台，使教师立足岗位、热爱岗位，全面提升教师素养水平。

2. 提高学生自我效能感策略

学生的自我效能感会对其行为产生重要影响。因此，许多专家学者针对学生自我效能感提升课题开展了探索研究，而在教育教学中自我效能感的引入方面也有所突破。综观这些研究，尽管许多方面有待教育教学实践检验，但总体仍有较大进步和提高。总体而言，学生自我效能感的培养大致有以下四种方法。

（1）外部强化

舒可（D. H. Shunk，1983）是著名心理学家班杜拉的学生，其提出了外部强化理论。其研究对象主要针对不擅长除法运算的儿童。实验分成三个小组：奖励组（对学生自己解决问题进行奖励）、课题组（对所有学生进行奖励）、控制组（实践训练过程中并未针对奖赏做出任何表达，然而实验结束后突然进行奖励），通过实验结果可知，三组学生中自我效能提升幅度最高者为奖励伴随组。心理学家班杜拉的观点认为，如果人们在已经掌握专业知识技能以后，为了显示自身能力水平，运用外部强化能够提升其自我效能感。一方面，通过外部强化可以更好地促使其完成任务，鼓励学生更好地完成学习目标要求，学会知识技能等；另一方面，通过外部强化信息能够让学生在学习活动中感受到自身进步，促使自我效能感提升，虽然学生并未因此提高能力水平，然而其进步却得以强化。

（2）培养学生进行积极的自我强化

研究表明，人既受外部强化的作用，同时又受自我强化的作用。学生的自我强化能够对调节学生行为产生重大影响，其往往通过奖赏方式来进行激励或者维持自身达到某一标准而表现出的行为过程。如果学生达到相关标准就会使自我效能感提升，相反则容易使自身行为能力缺乏信心。因此，要帮助学生积极进行自我强化，帮助学生科学制订相关标准，其标准的制订既不能过高而产生挫折感，也不能过低而无法起到推动促进作用。学生标准都由其学习内化获得，学生学习过程中，通常会根据自身学习状况以及解决问题能力等判断评价自我，其标准制订相对客观。然而在校期间，学生还可以通过周围同学等加以比较，判断评价自身能力，该社会心理现象正逐步引起专家学者的普遍关注。

心理学家菲斯汀格（Forsterlinger，1954）在他的社会比较理论（Socia Comparisinon Theory）中指出：人有知道自己的好坏、优劣之需要；人能够根据周围人比较掌握自身实际情况；人在选择比较对象时通常会选择与其具有相似经历或者能力水平差距较小的人进行，以便更为标准地获得评价结果和提供评价信息，同时也更能维护自尊以及保证自身形象。而如果选择比较对象差距较大则无法表明自己的境况等信息。研究还表明，部分情况下人进行比较对象选择时会以比自己能力高的人为标准，以便让自己充满斗志和勇气。具体选择哪种人为比较对象，视实际需要而确定。将该理论应用在教育教学中可以发现：学生之间进行的比较往往自发产生，而学校教育对于学生的比较往往强加产生。综观学校学习生活，学生间比较现象普遍存在，在学习、运动、生活以及其他方面都不同程度存在，已成为一种校园风气，对整体校园环境以及学生自身都产生了较大的影响作用。如果比较过度，往往会让高兴事儿丧失强化功能，让自卑事儿强化学生自卑感。然而如果进行比较，学习较差的学生就可能自暴自弃，而学习较好的学生也容易固步自封、驻足不前。所以，教师应全面了解掌握学生心理特点，对学生之间的比较进行正面引导，消除消极情绪。在学校制订的部分措施中，可能存在加重学生之间比较消极影响的情况，例如公布考试成绩时教师会对成绩好的学生进行表扬，而对成绩差的学生进行批评，虽然是想激励学生进步，然而结果大都适得其反。再如会把学习成绩较好和较差的同学进行分类分组，容易使两组学生无法客观评价自我，导致不良情绪和效果产生。此外，还有研究表明，在竞争非常激烈的重点学校中，大部分学生对自身实际能力判断和评价普遍较低。

根据心理学家菲斯汀格理论，应制订以下教育策略：注重学生之间比较，让学生能够通过比较了解掌握自身的成长进步以及优势特点，从而树立信心，针对学习成绩较差的学生要给予更多鼓励和帮助，让其从点滴做起慢慢进步；学生之间比较时为避免差生自卑心理严重，应将其与相似能力水平的学生加以比较以保护其自尊不受伤害；如果学生遭遇失败或者困难情况，此时不宜将其再与其相似同学加以比较，而要等到其成绩提升时再让其与更高水平学生加以比较看齐，促使其不断进步。班杜拉观点表明，适当标准的设立应在逐步建立接近的目标中加以实现，因为接近的目标更易实现，能够使学生自我效能感提升；如果目标设立过高过远，就不符合实际，不利于学生客观评价自我能力，损害学生自信心。总之，教师应帮助学生设立适当目标，客观地自我比较，从而使自我效能感有效提升。

（3）归因训练

通过研究发现，归因和所属维度能够对人的情绪、期待以及行为等存在重大作用。通过任务完成以后的成败归因分析，能够对自我效能感以及主体控制感产生重要影响，对学生而言也应重视归因的重要影响。因为教育教学中针对学生进行归因分析简单方便可操作，教师也经常采取归因训练以提升其自我效能感。那什么才是理想的归因形态呢？菲斯汀格（1985）通过维纳的归因论、Seligmen（1975）及 Maier（1976）等的习得性无助模式（learned helplessness model）和班杜拉自我效能感理论，他们将理想归因形态概括成如表 5.1 所示的菲斯汀格理想归因表。通过观察这些归因形态可知，其既能够实现自尊、自信、成就动机以及成功期望需要，又能够避免行为偏差以及无助感产生，其提出失败是因努力不足，观点归因也为大众所普遍认可并接受。

表 5.1　思想归因表

理　论	事　件	归　因
归因论	成　功	能力高
	失　败	努力不足
习得性无助模式	成　功	可控制维度的归因（如努力）
	失　败	可控制维度的归因（如努力）
自我效能感理论	成　功	能力高
	失　败	努力不足或运气差

众所周知，各种不同理论往往具有不同侧重面。因此，理想归因形态也会存在较大差别，然而上文之不同更多是体现在

实际归因方面，归因维度问题并未考虑在内。维纳观点认为，归因能够同属于不同维度范畴，相同归因针对不同人其所代表的维度也不会相同。例如"努力不足"针对学习较好的学生而言可作为可变归因，而针对学习成绩较差的学生而言却是稳定归因。按照维纳理论可以将行为结果归因为努力、能力、运气和任务难度这四种因素。同时，可分为基源性、稳定性以及可控制性三个维度。如果将失败归因在努力不足范畴，因其为内在可控制因素通常不会引起自我能力怀疑，同时还能更好地寻找解决办法，加强努力最终成功。相反如果将失败归因在能力不足范畴，因其为内在稳定不可控制因素，必然导致学生丧失信心和斗志，停滞不前。因此，教师归因训练过程中，必须针对不同学生、任务、条件、场合等因素全面考虑，通过合理的归因反馈维护学生自尊，帮助学生进步，激发学生的学习兴趣和成功期待。

针对归因训练以提升儿童自我效能感的相关研究诸多，其中舒克（Shunk）以不擅长除法与减法的儿童作为研究对象开展了相关探索。研究发现，对未来行为的努力归因反馈不如对过去进行努力归因反馈好，没有对自我效能感的提升发挥作用。1983年舒克针对儿童过去行为进行能力归因以及努力归因相结合，研究其对于儿童的自我效能感以及学习效果的影响和作用问题。研究结果表明：针对过去行为如果仅进行能力反馈的相对另外三组（其一为只进行努力归因反馈组，其二为进行能力和努力两种归因反馈组，其三为不进行反馈组），学生针对除法技能进步以及自我效能感提升方面效果明显。此外，只进行努力归因反馈组与进行能力和努力两种归因反馈组相比较差别较小。这表明能力归因反馈效果有可能因为再一次的努力归因反馈而失去了原有的效果。

1984 年舒克开展了一项历时 4 天的训练实验。其主要训练安排如下：

	前两天	后两天		前两天	后两天
第一组	能力反馈	能力反馈	第二组	能力反馈	努力反馈
第三组	努力反馈	能力反馈	第四组	努力反馈	努力反馈

实验结果表明：如果连续进行归因反馈时，第一组和第二组在效能感提高上基本相同，而第三组和第四组效果接近；但第一组和第二组整体效果明显好于后面两组，其说明初期能力回归反馈至关重要。

因为中美文化差异较大，美国实验结果未能代表中国现实状况，然而该研究仍然具有重要的启发作用。教师进行归因训练时要教会学生正确客观地分析原因，其中内控型学生通常喜欢将所有原因归因于自我内部，该类学生大都勤奋好学，成绩出众，因此认为自己能力较强，然而遭遇失败时会认为自我努力不足，需要加倍努力。学习成绩好坏与否均能够让其对未来学习具有较高期待，从而促使自我效能感稳定提升。然而将全部归因都看作内部主观因素影响显然不够实际，失败后容易导致过于自责的心理。而外控型学生则喜欢将失败归因于外部因素影响，其自我效能感通常较低，不能正常评价自我能力以及努力程度等，责任意识不强，学习过程中自我要求过高或者过低，自身努力不足也不愿投入更多精力和时间。作为教师，帮助学生养成平衡归因结构非常重要，这样才能让学生对自身学习成败正确归因和科学认知，令学生成功时能够客观归因能力，失败时能够继续保持信心斗志，加倍努力再获成功。

教师进行归因训练可分两步进行，第一步是诊断，第二步是训练。诊断过程中，学生应采用对成功和失败的原因进行分析，在日常言行、学生作文日记等相关方面加强归因倾向确定。而归因训练的方式主要有以下三种：其一是进行操作。教师要帮助学生针对相同事件加以归因，如果归因正确应及时肯定，归因错误则及时纠正错误。其二是进行说服。教师要教会学生采用正确归因方法，做好归因示范，提供相关信息，通过说服的方式简便易行。其三是学会转移。教师要帮助学生把可能产生心理障碍的归因转移到外部归因范畴，从而避免不良归因的产生。总之，教师进行归因训练可以采取各种方法进行，然而最重要的是让学生树立信心，相信自我能力，通过努力不断进步，并见到成效，最终走向成功。

（4）学习策略的培养

许多教育心理学研究表明：所谓有效学习通常指学生针对自我学习过程而加以管理和监控的过程。其中自我管理包括计划的制订、目标的设立、信息的组织、学习时间的安排等诸多方面。这就要求学生树立正确的学习观念和掌握正确的学习方法，能够实现自我激励，同时要求学生主观上相信自己能够完成学习行为。学习时一旦学生认为课题存在较大困难时，并且目前自我知识技能可能无法解决相关困难，容易使自我效能感降低，面对这种情况应让学生把消极知觉逐步转化成积极学习动机，应用恰当的方法策略，维护其学习兴趣以及努力信心。这也说明学习策略一定程度上能够提高学习效能。

著名心理学家梅耶（R. I. Mayer）认为，所谓学习策略主要指学习中能够提高学习效率的全部活动。梅耶提出学习策略应用过程就是学习的自我调节过程。而学习策略大致包括信息收集整理、制订目标计划、信息追踪记录、复述记忆、组织推论、自我评价、笔记复习、评估测验等。培养学生学习策略能够让学习行为更加高效，增强学生自我效能感。教师实践教学中应根据实际情况，有针对性地采取有效学习策略，促使学生自我效能感不断提升。

第6章

概要、结论、启示、建议

一、概　要

通过文献研究以及与广大教师的接触交流，我们发现，以往有关课堂管理的理论、模式或策略虽然极为丰富多样，但教师们面对那些多种多样的模式或策略常常不知如何抉择，尤其是对那些复杂抽象的课堂管理模式更是望而却步。所以，本书主要针对国内学校课堂管理的现状及存在的问题，并在此基础上有针对性地提出构建有效课堂管理的实施策略，为基层教师的课堂管理实践提供策略层面的支持。

在研究中，我们选用了问卷调查法和走访谈话法，以此获得目前学校课堂管理现状的第一手资料和信息。

通过对教师和学生调查问卷的分析和归纳，概括如下。

1. 就课堂环境而言，除了师生交流和沟通有待改进外，教师普遍对课堂环境感到满意，但学生则普遍对课堂环境感到不满意。

2. 关于课堂管理制度制订和实施方式，大多数教师认为能充分听取学生的意见，并以公正平等的方式来实施，而大多数学生则认为教师较少听取学生的意见且有失公正。此外，教师在管理课堂时注重权威、强调管制。

3. 关于自我效能感，大部分教师的自我效能感都较强，个别教师自我效能感较弱；大部分学生的自我效能感不强，对学习信心不足。

4. 就影响课堂管理的因素而言，大部分教师把学生不愿意学习作为影响课堂管理最突出的因素，然后是课堂环境；改进课堂管理的因素中，多数教师把师生关系作为最主要的因素，当然也有部分教师比较重视良好课堂环境的创建。

通过对教师的访谈，我们发现：教师普遍把学生安全作为课堂管理首要问题来考虑。同时，教师也认为课堂环境对课堂教学的影响非常大。他们还认为，教师在课堂管理中应具有权威，但他们觉得自己在处理违规学生时通常采用的是民主管理。

二、结　论

本书通过理论研究和对实际调查结果的分析探讨，主要结论可归纳如下。

1. 相关学科的理论基础对提高课堂管理具有重要的指导意义

比如行为主义心理学中的有关理论和方法，就能够在课堂管理中加以应用，可以预防学生问题行为的发生，还可以对已经形成的问题行为进行矫正和重塑，也能加深我们对建立课堂常规必要性的理解；而人本主义心理学对于如何通过积极评价学生和创设自发学习环境则有重要的指导价值。通过对这些相关理论的学习，我们会发现不同理论取向的课堂管理模式或策略方法，常常有不同侧重点及适用条件。如果我们对其背后的理论基础有深刻的理解，当我们再次面对因多元化理论取向而形成的丰富多样的课堂管理理论、模式或策略时，我们可能就不会再感困惑，那各种各样的理论、模式或策略就可能成为我们课堂管理的"知识技能库"，我们就能根据实际的课堂情景从中灵活选择并加以发展。

2. 目前国内学校的课堂管理中的确存在着诸多问题

其一，大多数教师把课堂上的安全问题作为课堂管理中的最为关键和最为复杂的问题。其二，教师中对课堂管理的功能和效用在认识上不够全面，前者表现为过于强调纪律和秩序、割裂课堂管理和课堂教学的关系、强调教师权威、以单一简单化的方式处理课堂上的各种问题行为，后者主要表现在较多地只重视课堂的心理环境建设，而忽视课堂物理环境对师生交流及教学效果的重要性；再者，教师在制订课堂管理制度较少让学生参与，带有专制性，这容易造成学生对一些制度的不理解，学生当然也就不愿遵守。教师执行这些制度时又往往存在执行力不足和执行方法不佳等问题，从而使教师"谈制度色变"，最终使大量的课堂管理制度流于形式。其三，教师和学生的自我效能感比较弱。教师的自我效能感不强，就会使教师对自己的教学行为缺乏信心，进而影响课堂教学效果；学生的自我效能感弱就会对学习活动参与度不强，不愿意学习，最终影响课堂教学的管理。我们也对以上各方面问题存在的原因进行了分析和探讨。

3. 针对所在问题建设和实施有效的课堂管理策略是提高课堂活动效果的重要途径

为此，我们提出要努力建设课堂管理的安全性预防策略、课堂管理目标科学化策略、营造健康的课堂环境策略、优化课堂管理制度策略、促进教学管理策略、增进师生关系策略、增强师生自我效能感策略等。还通过运用课堂管理研究中已有的研究成果和经验，并积极选用教育学、心理学、管理学等学科的理论对如何建设及实施这些课堂管理策略进行深入的思考、分析和探索，相信这些策略能为提高我国教师的课堂管理水平提供一定的帮助和支持。

三、启 示

本研究对我国课堂管理研究所能提供的启示主要体现在两个层面。

1. 问题取向的研究思路

与教学目标多样化相关，评价课堂管理效果的指标也是多样的，而就某一方面的课堂管理效果而言，其影响因素常常也是复杂的，再加上不同学科或同一学科不同取向的理论，都可能为课堂管理的研究提供不同的见解。所以，有关课堂管理的研究成果难免会出现一个让人眼花缭乱、不知所措的局面。但是，不管哪种课堂管理的研究都是为了进行课堂管理的实践。所以，以实际中存在的问题为切入点，再结合相关理论进行研究，进而提出具有针对性的管理策略，这也是研究思路的新探索。

2. 将课堂管理策略研究拓展到以前课堂管理中很少涉及的领域

例如在以往的课堂管理研究中，对于课堂管理的安全性、物理环境的影响性和师生效能感的强弱都涉及较少，本研究通过心理学、管理学和社会学等有关理论对这些较少涉及的领域都进行了分析和探究，并且提出了具有实效性的管理策略。

四、建 议

进行本研究时，还有一些其他相关问题的发现。可是因为这些不属于本研究的重点，同时也受到时间及篇幅的限制，在本书中就没有加以深入研究。但为了更好地促进相关研究，将主要发现总结如下。

1. 为什么教师对现有的课堂环境总体上感到满意，而学生则普遍感到不满意，教师和学生之间为什么会有不一致的感受？

2. 如何减少学生在课堂上的不良行为，每个教师都非常关心。本研究在调查中这方面尽管获得了非常丰富的信息，但在构建有效课堂管理策略并没有很好地加以吸收利用。基于学生问题行为的课堂管理策略应是一个很好的研究视角。

总之，本研究受笔者研究理论水平和实际经验的限制，还存在很多不足和不够深入的方面，希望大家在以后的研究中能有所补充和完善。需要继续进行探讨的方面主要有以下几个。

1. 课堂管理的理论研究还需深入，课堂管理的概念还要进一步明确。

2. 课堂管理策略研究该如何进行评价，依据的标准如何，这些都需要进一步研究。

3. 本研究对课堂管理策略的探究还不够深入，重点是在思想、原则和理念层面。而对于怎样进行课堂管理的实践，则还要进行更为具体的研究。

4. 我国地域的教育存在着较大的差异，因此如果能进行大样本、多层面的调查和研究，必将会使课堂管理策略的研究具有更大的指导意义。

参考文献

［1］陈时见. 课堂管理论［M］. 南宁：广西师范大学出版社，2002.

［2］张金福. 新课程与课堂管理［M］. 青岛：中国海洋大学出版社，2004.

［3］杜萍. 课堂管理的策略［M］. 北京：教育科学出版社，2005.

［4］C. D. 威肯斯、J. G. 霍兰兹. 工程心理学与人的作业［M］. 上海：华东师范大学出版社，2003.

［5］吴志宏，等. 新编教育管理学［M］. 上海：华东师范大学出版社，2000.

［6］汪刘生. 现代教学新论［M］. 北京：教育科学出版社，2008.

［7］江山野. 简明国际教育百科全书·教学卷［M］. 北京：教育科学出版社，1990.

［8］吴庆麟. 教育心理学［M］. 北京：人民教育出版社，1999.

［9］［美］麦克劳德. 课堂管理要素［M］. 北京：中国轻工业出版社，2006.

［10］赵国忠. 透视名师课堂管理［M］. 南京：江苏人民出版社，2007.

［11］［美］埃弗森. C等. 有效地管理你的课堂［M］. 北京：中国轻工业出版社，2006.

［12］［英］杰伦迪·迪克西. G. 有效的课堂管理［M］. 北京：北京师范大学出版社，2006.

[13]［美］温斯坦·C. S. 中学课堂管理［M］. 上海：华东师范大学出版社，2006.

[14]［美］F. 戴维. 课堂管理技巧［M］. 上海：华东师范大学出版社，2002.

[15] Raymond M Nakamura. 健康课堂管理［M］. 北京：中国轻工业出版社，2002.

[16] 周欣，等. 世界著名管理学家管理法则全书［M］. 北京：中国致公出版社，1998.

[17] Dale Scott Ridley，Bill Walther. 自主课堂——积极的课堂环境的作用［M］. 北京：中国轻工业出版社，2001.

[18] 马和民. 新编教育社会学［M］. 上海：华东师范大学出版社，2002.

[19] 克斯·韦伯. 社会学的基本概念［M］. 上海：上海人民出版社，2005.

[20] 马和民. 新编教育社会学［M］. 上海：华东师范大学出版社，2002.

[21] 吴康宁. 教育社会学［M］. 北京：人民教育出版社，1997.

[22] 谭力文，徐珊，李燕萍. 管理学［M］. 武汉：武汉大学出版社，2004.

[23] 戚业国. 课堂管理与沟通［M］. 北京：北京师范大学，2005.

[24] Vernon F. Jones&Lousie S. Jones. 全面课堂管理——创建一个共同的班集体［M］. 北京：中国轻工业出版社，2002.

[25] A. 班杜拉. 自我效能：控制的实施［M］. 上海：华东师范大学出版社，2003.

[26] 郭华. 课堂沟通论［M］. 北京：北京师范大学出版社，2006.

[27] 林培英. 课堂决策——中学教师课堂教学行为及案例透视

　　［M］．北京：高等教育出版社，2004．

［28］刘建德．关于课堂的思考［M］．长沙：湖南师范大学出版社，2005．

［29］卡罗尔·西蒙·温斯坦．中学课堂管理［M］．上海：华东师范大学出版社，2004．

［30］贺佩蓉．罗杰斯人本主义教育思想综述［J］．安康师专学报，2005（06）．

［31］魏进香．新课程标准下中小学课堂教学管理策略［J］．现代教育科学，2007（10）．

［32］霍俊哲．论课堂教学管理的创新原则和模式［J］．教学与管理，2007（30）．

［33］宋广文，窦春玲．课堂教学心理气氛及其教育作用［J］．教育科学，1999（02）．

［34］陈时见．西方课堂行为管理的主要理论简析［J］．教育理论与实践，1998（06）．

［35］靳玉乐，胡志金．论课堂心理环境的特征及其建设［J］．教育改革，1998（04）．

［36］樊建华．课堂管理的主要理论模式［J］．外国教育研究，1995（03）．

［37］史薇．新课程背景下有效课堂管理策略刍议［J］．新课程研究（基础教育），2007（03）．

［38］黄秀兰．试论课堂心理气氛与教学效果［J］．应用心理学，1986（02）．

［39］王元安．课堂问题行为的归因与管理策略［J］．中国教师，2008（19）．

［40］刘家访．有效课堂管理行为研究［D］．西南师范大学，2002．

［41］祝群. 本真理念下普通高中课堂教学管理策略的研究［D］.

　　　苏州大学，2010.

［42］张育青. 高中教师课堂管理观念和管理方式的现状分析与

　　　研究［D］. 华东师范大学，2002.

附　　录

附录一　图表目录

附录二　教师问卷

学校名称：　　　　　　任教年级：　　　　　　任教课目：

各位老师，你们好！这份调查问卷是为了了解课堂管理方面的一些基本情况而设计的。下列选项均为单选题，答案只求真实。请您结合自己组织和管理课堂的实际想法和真实做法，回答问题。谢谢您的参与！

1. 学生在课堂中做小动作或者出现违纪行为时，你通常会批评并禁止。　　　　　　　　　　　　　　　　（　　）

A. 完全符合　　　　　　B. 比较符合

C. 不太清楚　　　　　　D. 比较不符合

E. 完全不符合

2. 你在课堂管理中最大的烦恼是什么？　　　　（　　）

A. 学生不愿学　　　　　B. 学生不积极发言

C. 课堂纪律差　　　　　D. 课堂气氛沉闷

3. 我有能力建立和维护健康良好的课堂学习气氛。（　　）

A. 完全符合　　　　　　B. 比较符合

C. 不太清楚　　　　　　D. 比较不符合

E. 完全不符合

4. 你一般采取严守纪律、按规管理的方式管理你的课堂。

（　　）

A. 完全符合　　　　　　　B. 比较符合

C. 不太清楚　　　　　　　D. 比较不符合

E. 完全不符合

5. 你会与班上的每个学生进行定期的沟通。　　（　　）

A. 完全符合　　　　　　　B. 比较符合

C. 不太清楚　　　　　　　D. 比较不符合

E. 完全不符合

6. 课堂管理具有多重任务，你认为最重要的任务应该是什么？

（　　）

A. 严抓课堂纪律，不影响课堂教学

B. 创造良好的课堂环境，激发学生自主学习

C. 减少违纪行为，培养学生自控能力

D. 维护教师权威，保障课堂活动的秩序

7. 你认为在你的课堂上学生出现违纪行为大多是因为（　　）

A. 学生不愿学　　　　　　B. 教师授课方式不合理

C. 课程内容难度大　　　　D. 课堂环境条件差

8. 你的学生在课堂上积极交流，学习气氛融洽。　（　　）

A. 完全符合　　　　　　　B. 比较符合

C. 不太清楚　　　　　　　D. 比较不符合

E. 完全不符合

9. 你是学生心目中受欢迎的老师。　　　　　　（　　）

A. 完全符合　　　　　　　B. 比较符合

C. 不太清楚　　　　　　　D. 比较不符合

E. 完全不符合

10. 你认为有利于促成有效课堂管理的决定因素是 （　　）

A. 构建良好的师生关系

B. 提高自己的课堂教学水平

C. 善于运用权威的力量

D. 制定合理的课堂管理制度

11. 学生能准确地理解你提出的课堂纪律等相关制度。

（　　）

A. 完全符合　　　　　　B. 比较符合

C. 不太清楚　　　　　　D. 比较不符合

E. 完全不符合

12. 我有能力提高课堂教学与管理水平。 （　　）

A. 完全符合　　　　　　B. 比较符合

C. 不太清楚　　　　　　D. 比较不符合

E. 完全不符合

13. 你提出课堂纪律等相关制度时，会先与全班学生商讨，然后再确定。 （　　）

A. 完全符合　　　　　　B. 比较符合

C. 不太清楚　　　　　　D. 比较不符合

E. 完全不符合

14. 当你置身于课堂活动时，你感觉心情舒畅。 （　　）

A. 完全符合　　　　　　B. 比较符合

C. 不太清楚　　　　　　D. 比较不符合

E. 完全不符合

15. 对于某种违规行为，你能对每个学生都一贯公正地执行课堂要求中的规定？ （　　）

A. 完全符合　　　　　　B. 比较符合

C. 不太清楚 D. 比较不符合

E. 完全不符合

16. 我有能力对学生的学习态度和学习成绩产生积极影响。

( )

A. 完全符合 B. 比较符合

C. 不太清楚 D. 比较不符合

E. 完全不符合

17. 班级学生的规模是合理的，有利于教学的。 ( )

A. 完全符合 B. 比较符合

C. 不太清楚 D. 比较不符合

E. 完全不符合

18. 学生愿意和你分享生活和学习中的烦恼。 ( )

A. 完全符合 B. 比较符合

C. 不太清楚 D. 比较不符合

E. 完全不符合

19. 你了解班上大多数同学的兴趣与爱好。 ( )

A. 完全符合 B. 比较符合

C. 不太清楚 D. 比较不符合

E. 完全不符合

20. 教师权威在有效管理课堂方面具有重要的作用。( )

A. 完全符合 B. 比较符合

C. 不太清楚 D. 比较不符合

E. 完全不符合

21. 我有能力组织好各类课堂活动，促进学生身心健康发展。

( )

A. 完全符合 B. 比较符合

C. 不太清楚　　　　　　　　D. 比较不符合

E. 完全不符合

22. 教室环境的布局让你感到满意、舒适。　　　　　（　　　）

A. 完全符合　　　　　　　　B. 比较符合

C. 不太清楚　　　　　　　　D. 比较不符合

E. 完全不符合

附录三　学生问卷

学校名称：　　　　　　　　　　　　　年级：

同学们，你们好！本次调查是想了解课堂管理方面的一些基本情况。请每位同学根据自己实际做出真实恰当的唯一回答。谢谢大家的支持与配合。

1. 有同学在课堂上做小动作或者出现违纪行为时，你的老师通常会批评并禁止。　　　　　　　　　　　　　（　　）

A. 完全符合　　　　　　　　B. 比较符合

C. 不太清楚　　　　　　　　D. 比较不符合

E. 完全不符合

2. 你在课堂中最大的烦恼是什么？　　　　　　（　　）

A. 学习的内容太难　　　　　B. 教师的教学方法不合理

C. 课堂纪律差　　　　　　　D. 课堂气氛沉闷

3. 我有能力回答老师在课堂上提出的问题。　　（　　）

A. 完全符合　　　　　　　　B. 比较符合

C. 不太清楚　　　　　　　　D. 比较不符合

E. 完全不符合

4. 你的老师一般采取严守纪律，按规管理的方式管理你所

在的课堂。　　　　　　　　　　　　　　　　　　（　　）

    A. 完全符合　　　　　　　　B. 比较符合

    C. 不太清楚　　　　　　　　D. 比较不符合

    E. 完全不符合

5. 老师会与你进行定期的交流与沟通。　　　　　（　　）

    A. 完全符合　　　　　　　　B. 比较符合

    C. 不太清楚　　　　　　　　D. 比较不符合

    E. 完全不符合

6. 你认为教师在管理课堂时，最主要的任务是　　（　　）

    A. 严抓课堂纪律，不影响课堂教学

    B. 创造良好的课堂环境，激发学生自主学习

    C. 减少违纪行为，培养学生自控能力

    D. 维护教师权威，保障课堂活动的秩序

7. 你认为课堂上同学出现违纪行为大多是因为　　（　　）

    A. 学生不愿学　　　　　　　B. 教师授课方式不合理

    C. 课程内容难度大　　　　　D. 课堂环境条件差

8. 你经常与同学在课堂上积极交流，学习气氛融洽。（　　）

    A. 完全符合　　　　　　　　B. 比较符合

    C. 不太清楚　　　　　　　　D. 比较不符合

    E. 完全不符合

9. 你是老师心目中受欢迎的学生。　　　　　　　（　　）

    A. 完全符合　　　　　　　　B. 比较符合

    C. 不太清楚　　　　　　　　D. 比较不符合

    E. 完全不符合

10. 你认为有利于促成教师有效管理课堂的决定因素是

　　　　　　　　　　　　　　　　　　　　　　（　　）

A. 构建良好的师生关系

B. 提高教师自身的课堂教学水平

C. 善于运用权威的力量

D. 制订合理的课堂管理制度

11. 你们对老师提出的课堂纪律等要求能准确理解。（　　）

A. 完全符合　　　　　　B. 比较符合

C. 不太清楚　　　　　　D. 比较不符合

E. 完全不符合

12. 我有能力完成老师布置的学习任务。　　　　　　（　　）

A. 完全符合　　　　　　B. 比较符合

C. 不太清楚　　　　　　D. 比较不符合

E. 完全不符合

13. 老师在对你们提出课堂纪律等制度或要求后，会征求你们的意见。　　　　　　　　　　　　　　　　　　　（　　）

A. 完全符合　　　　　　B. 比较符合

C. 不太清楚　　　　　　D. 比较不符合

E. 完全不符合

14. 当你置身于课堂活动时，你感觉心情舒畅。　（　　）

A. 完全符合　　　　　　B. 比较符合

C. 不太清楚　　　　　　D. 比较不符合

E. 完全不符合

15. 老师在处理学生违纪行为时，能够做到一贯公正地对待所有学生。　　　　　　　　　　　　　　　　　　　（　　）

A. 完全符合　　　　　　B. 比较符合

C. 不太清楚　　　　　　D. 比较不符合

E. 完全不符合

16. 我能快速地解决学习过程中遇到的学习问题。　　（　　）

A. 完全符合　　　　　　　B. 比较符合

C. 不太清楚　　　　　　　D. 比较不符合

E. 完全不符合

17. 班级学生的规模是合理的，有利于教学的。　　（　　）

A. 完全符合　　　　　　　B. 比较符合

C. 不太清楚　　　　　　　D. 比较不符合

E. 完全不符合

18. 老师了解你的兴趣、爱好。　　　　　　　　　（　　）

A. 完全符合　　　　　　　B. 比较符合

C. 不太清楚　　　　　　　D. 比较不符合

E. 完全不符合

19. 老师理解你生活和学习中的苦恼，会帮助你解决。

（　　）

A. 完全符合　　　　　　　B. 比较符合

C. 不太清楚　　　　　　　D. 比较不符合

E. 完全不符合

20. 在你看来，老师的权威在有效管理课堂方面具有重要的
作用。　　　　　　　　　　　　　　　　　　　（　　）

A. 完全符合　　　　　　　B. 比较符合

C. 不太清楚　　　　　　　D. 比较不符合

E. 完全不符合

21. 我有能力在学习中取得好成绩。　　　　　　　（　　）

A. 完全符合　　　　　　　B. 比较符合

C. 不太清楚　　　　　　　D. 比较不符合

E. 完全不符合

22. 教室环境的布局让你感到满意、舒适。　　　　（　　）

A. 完全符合　　　　　　　B. 比较符合

C. 不太清楚　　　　　　　D. 比较不符合

E. 完全不符合

附录四　访谈提纲

1. 谈谈您的班级情况。

2. 您认为课堂管理最主要的目标是什么？

3. 谈谈您对课堂管理安全性的理解。

4. 为了营造良好的课堂环境，您认为应从哪些物质和心理层面进行改善？

5. 您如何理解课堂管理制度？

6. 您认为当前的学校课堂管理制度存在哪些问题？

7. 您经常与学生交流吗？您认为与他们交流和与成人交流有什么不同？

8. 您如何看待课堂教学与课堂管理的关系？对于改进课堂教学您有何想法？

9. 你是如何看待和处理学生的违规乱纪行为的？举出几个处理学生违规乱纪行为的事例。

10. 您认为影响教师课堂管理水平的因素有哪些？

附录五　　班级公约

八（2）班　　班级公约

以认真学习为荣，以不求上进为耻；

以谈吐文明为荣，以口吐脏话为耻；

以互帮互助为荣，以自私自利为耻；

以尊重他人为荣，以诋毁他人为耻；

以爱护公物为荣，以损害公物为耻；

以团结友爱为荣，以打架斗殴为耻；

以勤俭节约为荣，以奢侈浪费为耻；

以考试诚信为荣，以徇私舞弊为耻。

九（2）班　　班级公约

1. 树立人生目标，做好人生规划。

2. 遵守校纪校规，举止文明，有责任心。

3. 课间文明休息。

4. 爱护生活环境，见到垃圾主动捡起，爱护公共财物和花草树木。

5. 勤学善思，乐于探究，努力学习。

6. 按时、独立完成作业，书写整洁。

附 录

八（1）班　班级公约

1. 早上不准迟到，迟到要说明原因，来校直接进教室然后由课代表领头朗读，统一拿起书。如发现以下情况：（1）早上迟到，不认真朗读的，讲废话的；（2）未直接进教室，来了无事做，交头接耳。产生以上行为的同学，课间把早读的内容再读五遍。（朗读结束时间是早上 7：35 分）

2. 被记下名字的同学写 200 字的检讨书。

3. 课间十分钟追逐打闹的，大声喧哗的，说不文明语言的同学，课后在操场上跑 5 圈。

4. 上课早两分钟准备下节课的书本，上课被老师点名批评的，吵闹的，被扣分，被记下名字的写 200 字的检讨书或背 1 篇老师指定的课文。

5. 认真做好值日生工作，自己分内的事按时做好。不扫的，没有在 11：50 分以前扫好的，自己座位底下乱扔纸屑瓜果的，罚扫一礼拜的地。做操做到静齐快，不准有声音。眼保健操不认真做的，课后补 3 遍。

6. 晨会要做到静齐快，挺胸，眼看升旗和校长讲话，如没做到的，唱一首歌。

7. 作业要认真及时上交，对于语文和英语的背诵要及时。如故意不做且拖延的，不背和逃掉的，由相应的教师做出处理。

8. 此外三项竞赛被扣分的，全班同学面前认错并做检讨。再背课文 1 篇。

要求：负责人要及时记载，认真做好应做的任务，每天要向老师汇报。

九（2）班　班级公约

值日班长检查的内容有出勤、卫生、纪律、作业等项。每生总分为 100 分，发现以下情况按规定扣分，每周做总结。得分作为期中、期末行为规范考评依据。（注：85 分及以上为优秀；75 分及以上为良好；60 分及以上为及格；60 分以下为不及格。有严重违反校纪校规的一律为不及格。）

出勤：

1. 学生病假每人每节扣 0.2 分。

2. 学生事假每人每节扣 0.5 分。

3. 早自修每迟到一次扣 1 分，上课无故迟到一次扣 1 分。

4. 不请假缺席，按旷课处理，每人每节扣 1 分。

5. 午间管理课随意讲话，随意走动制止无效一次扣 1 分。

纪律：

发现有下列情况之一者每次每例扣 1 分。

6. 随便说话，不听老师劝告。未经许可离开自己座位。未经许可随意更换座位。

7. 课间在走廊、楼梯上追逐打闹，讲粗话、骂人。

8. 就餐不遵守秩序、高声交谈、敲击餐具，不听老师劝告。

9. 出操、就餐时，随意离队或导致队伍不整齐。

10. 不佩胸卡、不背书包、骑车进校。

11. 不按规定带一些非学习用品进校。

12. 与同学发生争吵，打架，经班主任审定后酌情扣分，情节严重综合评定一律为不合格。

13. 作业每欠交一次扣 1 分。

14. 上课时与教师无理顶撞，有意破坏课堂纪律，此项扣 5 分。

15. 故意损坏公共设施每发现一次扣 3 分。

自行车停放：

发现有下列情况每例扣 0.5 分。（具体扣分见学校学生会检

查记录）

16.不在指定地点停车。

17.无停车证、车铃、无刹车。

卫生评分标准：（卫生评分结果记录于《三项竞赛一周汇总表》"卫生"一栏）

18.每周卫生评比倒数第一，该周值日生每人扣2分；倒数第二扣1分，倒数第三扣0.5分。

19.值日生工作不认真或不干净，每次扣1分；故意逃避扣3分。

20.乱丢杂物和纸屑，卫生保持不佳，扣1分。

奖励：

每周三项竞赛出勤、纪律、卫生取得第一名，每人加0.5分。

在各级比赛中取得名次，按取得的级别加分。

在月考、期末考试中取得单科前10名，进步5名次及以上的酌情加分。

班级中担任各项工作的学生，能够尽心尽责，得到老师肯定的期中期末总评时加分。